50 EXERCICES

D' **EFT**

(Technique de libération
émotionnelle)

Groupe Eyrolles
61, bd Saint-Germain
75240 Paris Cedex 05

www.editions-eyrolles.com

*Formatrice et interprète de rêves,* **Marielle Laheurte** *a créé l'IREV, une méthode d'analyse des rêves accessible à tous.*

*Elle est aussi sophrologue, praticienne de la technique psychoénergétique EFT (Technique de libération émotionnelle) et formatrice de l'approche spirituelle PEAT (Activation et transcendance de l'énergie primordiale). Elle est également l'auteure de deux livres de voyage.*

*Son site : www.voieintegrative.com*
*Son blog : www.grandirzen.com*

Avec la collaboration d'Alice Breuil

Pour chaque schéma : © Shutterstock

© Groupe Eyrolles, 2014
ISBN : 978-2-212-55812-8

Marielle Laheurte

# 50 EXERCICES D' EFT

(Technique de libération émotionnelle)

EYROLLES

Philippe Lebreton, *50 exercices pour développer son influence.*

Philippe Lebreton et Patricia du Sorbier,
*50 exercices pour développer son empathie.*

Laurence Levasseur,
- *50 exercices pour gérer son stress.*
- *50 exercices pour prendre la parole en public.*
- *50 exercices pour profiter du moment présent.*

Virgile Stanislas Martin,
- *50 exercices pour pratiquer la Loi d'Attraction.*
- *50 exercices pour convaincre.*
- *50 exercices d'Ho'oponopono.*

Virgile Stanislas Martin et Guillaume Poupard,
*50 exercices de systémique.*

Sophie Mauvillé et Patrick Daniels,
*50 exercices pour décrypter les gestes.*

Mireille Meyer, *50 exercices d'autohypnose.*

Paul-Henri Pion, *50 exercices pour lâcher prise.*

Géraldyne Prévot-Gigant,
- *50 exercices pour développer son charisme.*
- *50 exercices pour apprendre à méditer.*
- *50 exercices pour sortir de la dépendance affective.*
- *50 exercices pour sortir du célibat.*

Jacques Regard,
- *50 exercices pour ne plus subir les autres.*
- *50 exercices pour ne plus tout remettre au lendemain.*
- *50 exercices pour retrouver le bonheur.*

Maria-Dolorès Sanchez, *50 exercices de contre-manipulation.*

Marie-Jeanne Trouchaud, *50 exercices de psychogénéalogie.*

Jean-Philippe Vidal, *50 exercices pour mieux communiquer avec les autres.*

## Dans la même série :

Lorenzo Bé, *50 exercices pour domestiquer son ado.*

Guillaume Clapeau,
- *50 exercices pour survivre aux réunions de famille.*
- *50 exercices pour se débarrasser de ses voisins.*

E.M. Caussurien, *50 exercices pour mal élever ses enfants.*

Émilie Devienne, *50 exercices pour rater sa thérapie.*

Émilie Devienne et Yves Peysson, *50 exercices pour devenir un vrai geek.*

Philippe Noyac, *50 exercices pour terrasser ses ennemis.*

Tonnie Soprano et Billie Alto, *50 exercices pour éduquer son homme.*

# Sommaire

# Avertissement

L'EFT ne peut en aucun cas remplacer un suivi médical.

Si vous suivez un traitement, poursuivez-le et consultez un médecin qualifié si nécessaire. D'autre part, le succès de l'EFT ne peut être garanti, car il dépend du problème à résoudre et de la façon d'appliquer la technique.

# Introduction

*Une innovation rencontre généralement le scepticisme,
parce qu'elle remet en cause les croyances en place.
Et l'EFT remet en cause à peu près toutes les croyances
concernant la psychologie et la guérison émotionnelle.*
Gary Craig, créateur de l'EFT (*Le Manuel d'EFT*)

Derrière ses apparences un peu loufoques, l'EFT (*Emotional Freedom Technique* ou Technique de libération émotionnelle) est une méthode thérapeutique d'une efficacité exceptionnelle. Mise au point dans les années 1990 par Gary Craig, elle ne cesse d'étonner par ses résultats, aussi rapides que définitifs. Là où d'autres méthodes échouent parfois, l'EFT fonctionne.

Membre de la grande famille des techniques psycho-énergétiques, l'EFT peut être comparée à une méthode d'acupuncture sans aiguille qui libère les nœuds émotionnels. Appelée aussi « tapping », elle consiste à tapoter des points méridiens du corps tout en se concentrant sur le problème à traiter jusqu'à ce que les émotions négatives associées disparaissent.

Un de ses grands atouts est la simplicité : ses bases s'apprennent en quelques minutes, et même les enfants peuvent l'utiliser seuls. Avec l'EFT, vous pourrez gérer vos émotions, éliminer vos peurs et vos phobies, soulager vos douleurs, vous débarrasser de vos croyances limitantes et de vos addictions, développer vos capacités, améliorer vos performances, ou encore accélérer votre développement personnel.

Les effets bénéfiques de l'EFT ont été confirmés par la science et la médecine qui ont procédé à des centaines d'études. Ainsi, l'électro-encéphalogramme a permis d'observer que, lorsque des personnes stimulent les points méridiens de l'EFT tout en évoquant des souvenirs traumatiques, leurs ondes cérébrales se calment rapidement et les émotions associées au souvenir disparaissent. Ces études expliquent pourquoi Gary Craig a réussi, en quelques heures et définitivement, à libérer des vétérans de la guerre du Vietnam des lourds traumatismes dont ils avaient été victimes. Aujourd'hui, l'efficacité de l'EFT est incontestable et de plus en plus de médecins, psychiatres et psychologues l'utilisent partout dans le monde.

À vous à présent de découvrir comment, tout seul, améliorer votre vie et trouver le mieux-être. Dans la première partie du livre, vous apprendrez les bases de la méthode sous forme de cours progressif. Le chapitre suivant vous indiquera comment approfondir la technique pour la rendre plus efficace. Enfin, vous trouverez des modèles d'application pour gérer diverses émotions et situations de votre vie quotidienne.

# 1
●

## Le mieux-être
## au bout des doigts

*L'EFT apporte guérison et bien-être.*
Deepak Chopra

Parler de votre problème à voix haute tout en vous tapotant du bout des doigts sur le visage, le haut du corps et les mains ? Oui, je l'admets, la méthode peut sembler bizarre à première vue... Cependant, ne vous fiez pas aux apparences. L'EFT est un outil merveilleux avec lequel vous pourrez gérer seul la plupart de vos problèmes. Explorez la méthode l'esprit ouvert et essayez-la, pour commencer, sur des soucis mineurs. Sachez que même les plus sceptiques en obtiennent des résultats !

Pourquoi les résultats des techniques psycho-énergétiques, dont l'EFT, sont-ils aussi rapides et définitifs ? Parce que ces techniques traitent simultanément le corps, l'esprit et l'énergie. Leur principe est le suivant : la cause de toute émotion négative est une perturbation du système énergétique corporel. Donc, en agissant directement sur le système énergétique, nous pouvons rééquilibrer le corps et l'esprit. Le corps énergétique était jusque-là le grand absent de la médecine et des domaines de la psychologie. Il est pourtant décrit et pris en compte depuis plus de 5 000 ans par l'acupuncture.

Rassurez-vous : nul besoin de connaître les 365 points d'acupuncture. Gary Craig, l'initiateur de l'EFT, a réussi à élaborer un protocole simple à partir d'un maximum de 14 points.

Dans ce premier chapitre, vous allez apprendre à faire vos gammes en EFT et à effectuer une séance complète. Suivez bien l'ordre chronologique des exercices. Prévoyez aussi d'avoir auprès de vous un verre et une carafe d'eau, car boire de l'eau aide à évacuer plus vite les émotions et facilite le rééquilibrage de l'énergie.

# $E$xercice n° 1 • La ronde courte

L'EFT consiste à tapoter des points méridiens précis, qui sont les points de terminaison principaux du circuit énergétique. En les stimulant, vous rééquilibrez le système énergétique perturbé, ainsi que les émotions associées. Effectuer une « ronde » (ou « séquence ») consiste à stimuler ces points les uns après les autres. Il existe une ronde courte et une grande ronde. Voici les 8 points méridiens de la ronde courte à connaître... sur le bout des doigts !

*À l'aide du schéma ci-contre, apprenez à tapoter les points méridiens du corps en suivant les consignes.*

**1.** Repérez chaque point sur votre corps et familiarisez-vous avec les émotions associées.

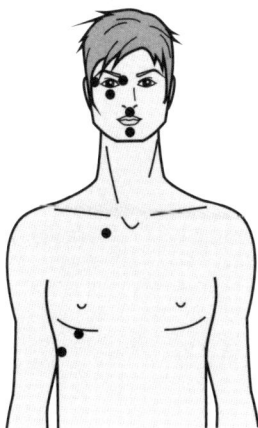

| Position des points méridiens du corps | | Émotions associées |
|---|---|---|
| 1 | **Début du sourcil ou DS :** au bout du sourcil, près de l'arête du nez. | **DS (Vessie 2)** supprime les peurs, l'agitation, la stagnation et les émotions issues d'événements difficiles, développe la force intérieure, l'intuition et la paix. |
| 2 | **Coin de l'œil ou CO :** sur l'os bordant le point extérieur de l'œil. | **CO (Vésicule biliaire 2)** calme la colère, la passivité, élimine les rancunes obsessionnelles, et développe l'expression constructive de soi en favorisant l'action et la détermination. |
| 3 | **Sous l'œil ou SO :** sur le centre de l'os situé juste sous l'œil. | **SO (Estomac 1)** résout entre autres l'insatisfaction, les doutes, les phobies, aide à assimiler les expériences, développe la capacité à donner et à recevoir, les sentiments de contentement et de plénitude. |
| 4 | **Sous le nez ou SN :** sur le petit creux situé sous le nez et au-dessus de la lèvre supérieure. | **SN (Vaisseau gouverneur 26)** dissipe la timidité, la crainte de s'affirmer, la peur de s'exposer ou d'échouer, aide à s'accepter et à communiquer. |
| 5 | **Menton ou Me :** au centre de la fossette du menton. | **Me (Vaisseau conception 24)** dissipe les sentiments d'échec et de culpabilité, les regrets et les remords, l'accablement et la désolation, développe les facultés de pardon, aide à faire table rase du passé et à aller de l'avant. |
| 6 | **Clavicules ou Cl :** posez vos doigts sur l'os saillant, puis descendez doucement les doigts en les écartant légèrement vers l'extérieur – le point est situé sur le creux, sous la clavicule. | **Cl (Reins 27)** dissipe les peurs, la panique, le sentiment d'insécurité, et aide à rester paisible en accroissant le calme et les sentiments de sécurité, donne le désir d'aller de l'avant. |

| Position des points méridiens du corps | Émotions associées |
|---|---|
| 7 **Sous le bras ou SB :** sous les aisselles (à une main environ depuis le creux de l'aisselle), au niveau du soutien-gorge pour les femmes et sur la ligne du mamelon. | **SB (Rate Pancréas 21)** dissipe l'ennui, l'insatisfaction, développe la joie, le sentiment de bien-être et de satisfaction. |
| 8 **Sous le sein ou SS :** en dessous du mamelon, sur la côte flottante (au niveau de la baleine du soutien-gorge pour les femmes). | **SS (Foie 14)** libère la colère, le chagrin et la frustration ; redonne confiance en soi, dynamisme et facilite la communication juste. |

**2.** Tapotez doucement chaque point (au moins 5 fois) dans l'ordre signifié dans le tableau. Répétez l'exercice jusqu'à connaître par cœur la position des points, en suivant les conseils ci-dessous :

• Tapotez chaque point avec douceur, avec le bout de l'index et du majeur.

• Vous pouvez tapoter avec les deux mains des deux côtés du corps ou avec une seule main d'un seul côté du corps. Vous pouvez aussi changer de côté.

• Chaque point doit être stimulé au moins 5 fois, mais nul besoin de compter, vous atteindrez le compte intuitivement...

## Commentaire

*Tout malaise physique ou psychique est causé par une perturbation du système énergétique : tapoter sur les points méridiens enclenche l'envoi de signaux au cerveau qui cherchera à rééquilibrer le système énergétique perturbé. Si en même temps vous êtes concentré sur votre problème, celui-ci sera neutralisé. Vous verrez plus loin comment vous connecter à votre problème tout en tapotant sur les points (exercice n° 6).*

*Cette version courte de l'EFT fonctionne dans 90 % des cas. Elle dure moins de 30 secondes. Entraînez-vous à faire des rondes jusqu'à ce que vous connaissiez les points par cœur. Essayez aussi avec la main gauche si vous êtes droitier et inversement. Fermez les yeux pour mieux vous intérioriser. La stimulation de tous les points* n'est pas toujours obligatoire : vous pouvez choisir ceux qui vous semblent les plus adaptés à votre problème. Cependant, en tapotant systématiquement sur chacun, vous êtes sûr de ne négliger aucun méridien essentiel…

# Exercice n°2 • La grande ronde

Maintenant que vous connaissez les 8 points méridiens de la ronde courte, vous pouvez ajouter les 5 points des doigts pour effectuer la « grande ronde ».

À l'aide du schéma ci-dessous, apprenez à tapoter les points méridiens de votre main avec un ou deux doigts.

**1.** Repérez chaque point sur vos mains et familiarisez-vous avec les émotions associées.

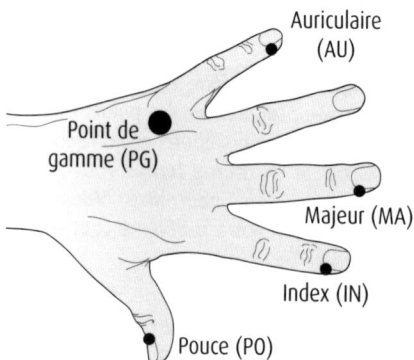

| | Position des points méridiens de la main | Émotions associées |
|---|---|---|
| 9 | **Pouce (PO) :** à la base de l'ongle, côté extérieur. | **P (Poumon 11)** dissipe la tristesse, les regrets, le mépris, le préjugé, installe le détachement, facilite la respiration. Ce point est relié à la destinée. |
| 10 | **Index (IN) :** à la base de l'ongle, côté pouce. | **I (Gros intestin 1)** dissipe les culpabilités, la nostalgie, le besoin de contrôle et développe le lâcher-prise et la capacité à vivre au présent. |
| 11 | **Majeur (MA) :** à la base de l'ongle, côté index. | **M (Maître cœur 9)** traite les problèmes liés aux besoins affectifs, à la jalousie, au rejet, à l'entêtement, à la tension sexuelle, à la difficulté à choisir, et ouvre à la force intérieure. |
| 12 | **Auriculaire (AU) :** à la base de l'ongle, côté annulaire. | **A (Cœur)** est relié au cœur, aux chagrins d'amour, au manque d'amour, aux colères. Il ramène à l'amour de soi et des autres, et à la compassion. |
| 13 | **Le point gamut ou de gamme (PG) :** sur le dos de la main, entre les deux os de l'annulaire et de l'auriculaire. Tapotez toute la zone avec trois doigts. | **PG (Triple réchauffeur)** est relié à la notion de survie, au sentiment de sécurité ou d'insécurité, à la dépression, à la douleur physique, au désespoir, à la tristesse, au chagrin, à l'abattement, au découragement et il redonne la joie. |

*Le point de l'annulaire n'est pas stimulé car il est déjà inclus dans un autre point.*

**2.** Tapotez doucement (au moins 5 fois) chaque point dans l'ordre signifié dans le tableau. Répétez l'exercice jusqu'à connaître par cœur la position des points.

**3.** Après avoir appris la position de ces 5 points, effectuez la grande ronde (l'exercice n° 1 suivi de l'exercice n° 2).

## Commentaire

*Rappelez-vous que vous pouvez tapoter les points d'un seul côté, gauche ou droite, ou des deux côtés du corps avec les deux mains, et même, quand vous les connaîtrez bien, dans l'ordre que vous désirez.*

*D'autres points sont parfois utilisés : au-dessus du crâne, ou à l'intérieur du poignet au niveau du bracelet-montre.*

# Exercice n°3 • Cibler le problème

Avant d'appliquer les rondes, vous allez préparer la séance afin qu'elle soit le plus efficace possible (exercices nᵒˢ 3 à 5). La première étape consiste à définir votre problème très précisément : ce peut être un conflit avec un proche, la peur d'échouer dans un projet, la colère ou la culpabilité envers vos parents, une douleur physique, une phobie, la perte d'un être cher, une séparation difficile... Voici comment cibler au mieux votre problème.

*Installez-vous dans un endroit calme, munissez-vous d'un crayon et d'une feuille de papier, et suivez les instructions ci-dessous.*

**1.** Concentrez-vous sur votre problème pendant 1 minute, les yeux fermés.

**2.** Observez le problème.

• Décrivez-le le plus précisément possible.

> **Par exemple :** *J'ai mal à la tête depuis deux heures / J'ai peur de ne pas réussir mon examen de conduite demain parce que c'est déjà la seconde fois*

*que j'essaie et que je perds mes moyens quand on m'examine / Je suis
inquiet parce que je n'arrive pas à trouver du travail depuis six mois malgré
tous mes efforts...*

------------------------------------------------

- Localisez ce problème dans votre corps, puis décrivez votre ressenti.

  ***Par exemple :*** *J'ai un étau qui serre toute la partie supérieure de mon front /
  J'ai une grosse boule qui tire dans le plexus solaire / Je me sens oppressé et
  j'ai du mal à respirer / Mes jambes tremblent et je me sens mou...*

------------------------------------------------

- Quelles émotions ressentez-vous (énervement, colère, tristesse, culpabilité...) ?

------------------------------------------------

- Quelles pensées associez-vous à ce problème ?

  ***Par exemple :*** *J'en ai marre de ces migraines / Je suis trop fragile / Je n'y
  arriverai jamais / Je suis nul...*

------------------------------------------------

## Commentaire

*Définir votre problème le plus précisément possible est une étape
essentielle dans le processus thérapeutique. L'idée est de ne pas fuir
ou résister devant ce qui vous dérange mais au contraire de l'autoriser à exister. Une fois reconnus, puis acceptés, le problème et les
émotions associées seront facilement transformés ou libérés. À la fin
de cet exercice, respirez profondément 3 fois. Dès cette étape, vous
constaterez sans doute une nette amélioration de votre état.*

# Exercice n°4 • Évaluer l'intensité du problème

Après avoir défini précisément votre problème (exercice n° 3), évaluez son intensité. Ainsi, vous pourrez suivre l'évolution de votre état au fur et à mesure de la séance.

*Replongez-vous dans vos émotions, puis notez leur intensité en vous aidant du schéma ci-dessous.*

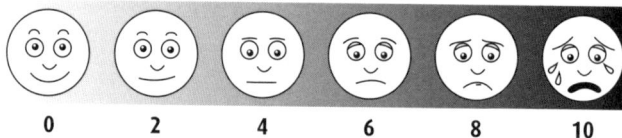

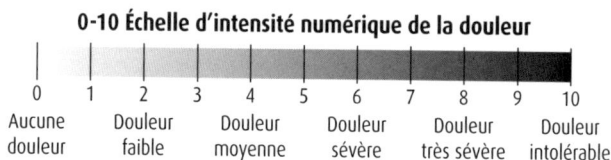

| 0 | 2 | 4 | 6 | 8 | 10 |

**0-10 Échelle d'intensité numérique de la douleur**

| 0 | 1 | 2 | 3 | 4 | 5 | 6 | 7 | 8 | 9 | 10 |
|---|---|---|---|---|---|---|---|---|---|---|
| Aucune douleur | | Douleur faible | | Douleur moyenne | | Douleur sévère | | Douleur très sévère | | Douleur intolérable |

## Conseil

*Cette intensité est également appelée SUD (Subjective Unit of Disturbance) ou « Unité de perturbation émotionnelle ». Ne réfléchissez pas trop pour la déterminer, laissez parler votre corps et votre ressenti. Souvent le premier chiffre qui vous vient à l'esprit est le bon. Notez-le avant la séance. Après chaque ronde, vous vérifierez cette intensité. Lorsqu'elle atteindra 0, votre problème sera résolu et vous pourrez arrêter la séance.*

# $\mathcal{E}$xercice 5 • La formule d'appel

Vous êtes maintenant prêt à commencer la séance. Elle débute avec la formule d'appel, appelée aussi « phase de préparation » ou « correction de l'inversion psychologique ». Cette formule permet d'éliminer vos éventuelles résistances inconscientes au changement et à la guérison. Pour cela, il vous suffit de prononcer une phrase spécifique tout en tapotant le point karaté situé sur la tranche de la main.

Point Karaté

Suivez les instructions ci-dessous pour créer votre formule d'appel.

**1.** Ciblez votre problème (exercice n° 3).

**2.** Évaluez-le (exercice n° 4) : _ _ _/10

**3.** Créez votre formule d'appel selon le modèle suivant :

« Même si (décrivez votre problème),
je m'aime et je m'accepte tel que je suis. »

***Par exemple :*** *Même si je suis en colère contre mon patron qui m'a critiqué devant mes collègues pendant la réunion de ce matin, je m'aime et je m'accepte tel que je suis.*

**4.** Tapotez le **point karaté** avec trois ou quatre doigts, tout en répétant 3 fois la formule d'appel :

« Même si (décrivez votre problème), je m'aime et je m'accepte tel que je suis. »

« Même si (décrivez votre problème), je m'aime et je m'accepte tel que je suis. »

« Même si (décrivez votre problème), je m'aime et je m'accepte tel que je suis. »

**Variante :** Le point karaté dissipe entre autres les oppositions, même inconscientes, à la réalisation de nos objectifs, les pensées négatives, la vulnérabilité, la tristesse, les compulsions, le manque de confiance en soi, la crainte de l'échec (ou du succès). Il développe les capacités physiques et intellectuelles.

**5.** Au lieu du point karaté, vous pouvez stimuler un autre méridien, appelé le **point sensible**, à droite, à gauche, ou des deux côtés (voir le schéma ci-dessous). Massez ce point, ne le tapotez pas. Vous le reconnaîtrez aisément car il est souvent un peu douloureux, signe d'engorgement. Comme le point karaté, le point sensible aide à corriger les inversions psychologiques et à lever les restrictions inconscientes.

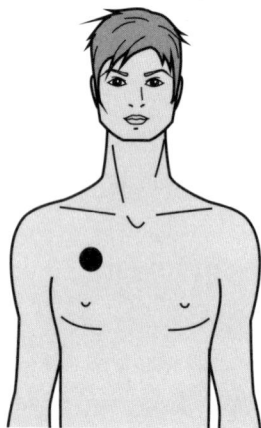

## Commentaire

*La résistance inconsciente à la guérison et au changement est appelée en EFT « Inversion psychologique » (ou IP) car elle génère une inversion dans les polarités du système énergétique. Elle existe dans seulement 60 % des cas. En tapotant le point karaté et en répétant la formule d'appel, vous rétablissez les polarités et éliminez en même temps les résistances à la guérison. Pour déterminer si cette première étape est nécessaire, vous pouvez effectuer une première ronde : si votre intensité émotionnelle baisse, vous pouvez sauter cette étape. Cependant, pour plus de sûreté, il est conseillé de l'effectuer systématiquement.*

*Quant à la formule « Je m'aime et je m'accepte tel que je suis », elle induit un lâcher-prise et une acceptation totale du problème, ce qui renforce la neutralisation des résistances éventuelles. Si vous éprouvez de la difficulté à prononcer cette formule, vous pouvez la remplacer dans un premier temps par : « Je m'accepte avec ce problème. »*

# Exercice n° 6 • La phrase de rappel

Après la formule d'appel, la phrase de rappel. Une fois le problème de l'IP résolu, vous pouvez effectuer la première ronde. Elle consiste à tapoter sur les points méridiens que vous avez appris lors des exercices n<sup>os</sup> 1 et 2 tout en vous concentrant sur le problème à traiter. Il suffit pour cela de répéter les phrases de rappel qui résument votre problème.

*Reprenez la description de votre problème (exercice n° 3), puis suivez pas à pas les instructions page suivante.*

**1.** Reprenez les mots essentiels qui résument votre problème ; ces mots formeront la phrase de rappel.

*Par exemple :* *peur de ne pas être à la hauteur de mon entretien professionnel demain* deviendra *: peur de ne pas être à la hauteur.*

Votre phrase de rappel : _ _ _ _ _ _ _ _ _ _ _ _ _ _ _ _ _ _ _ _ _ _ _ _ _ _ _

**2.** Tapotez chaque point méridien en suivant le schéma des exercices n° 1 (ronde courte) ou n° 2 (grande ronde), tout en répétant la phrase de rappel (*peur de ne pas être à la hauteur / peur de ne pas être à la hauteur / peur de ne pas être à la hauteur / peur de ne pas être à la hauteur...*).

**3.** Respirez profondément, buvez de l'eau et évaluez à nouveau le niveau d'intensité de votre problème : _ _ _/10

- Vous atteignez zéro ? Votre problème a disparu, bravo !

- L'intensité a diminué ? Passez à l'exercice suivant pour éliminer ce qui reste du problème.

- Votre problème a gardé la même intensité ? Refaites une ronde identique. Vous pourrez aussi ajouter l'étape de la « gamme des 9 actions » que nous verrons plus loin (exercice n° 8) afin de débloquer plus vite les émotions.

## Commentaire

*Quand vous maîtriserez mieux l'EFT, vous pourrez modifier la phrase de rappel à chaque point méridien, de façon à prendre en compte tous les aspects de votre problème. Voici un exemple : « peur de l'entretien / peur de perdre mes moyens / peur de ne pas être à la hauteur / peur du regard de mon employeur / peur de bafouiller / peur d'être ridicule », etc.*

*Si le fait de prononcer des phrases négatives vous inquiète car vous craignez que votre problème s'amplifie, soyez rassuré : en exprimant et en ressentant intensément ce qui vous dérange, vous permettez justement à votre cerveau de prendre en charge la totalité de votre problème. C'est comme si vous sortiez de votre placard toutes les vieilles affaires accumulées pour pouvoir les jeter une bonne fois pour toutes. Tant qu'elles seront dans le placard, votre problème sera encore là...*

# Exercice n°7 • Traiter ce qui reste

Votre première ronde est terminée. Votre intensité émotionnelle a diminué sans atteindre 0. Faut-il en rester là ? Non, car l'EFT peut encore mieux faire...

*À la suite de la première ronde, poursuivez la séance en suivant les indications ci-dessous.*

**1.** Redéfinissez votre problème en fonction de vos nouveaux ressentis.

*Par exemple :* Je n'ai plus l'étau dans la tête mais je ressens des palpitations à l'arrière des yeux / Je n'ai plus de colère mais je me sens subitement triste / L'intensité de ma colère a baissé de 9/10 à 5/10...

_ _ _ _ _ _ _ _ _ _ _ _ _ _ _ _ _ _ _ _ _ _ _ _ _ _ _ _ _ _ _ _ _ _ _

**2.** Créez votre nouvelle phrase de rappel.

*Par exemple :* ces palpitations dans ma tempe ou cette tristesse subite ou ce reste de colère.

_ _ _ _ _ _ _ _ _ _ _ _ _ _ _ _ _ _ _ _ _ _ _ _ _ _ _ _ _ _ _ _ _ _ _

**3.** Effectuez des rondes en répétant votre nouvelle phrase de rappel (ronde courte ou grande ronde).

_ _ _ _ _ _ _ _ _ _ _ _ _ _ _ _ _ _ _ _ _ _ _ _ _ _ _ _ _ _ _ _ _ _ _

**4.** Réévaluez l'intensité de votre problème initial (exercice n° 4) : _ _ _/10

**5.** Recommencez les rondes jusqu'à ce que l'intensité du problème atteigne 0.

## Commentaire

*Après une ronde surgissent souvent d'autres aspects liés à votre problème. Par exemple, votre colère laisse place à la tristesse, votre mal de tête à une douleur dans le cou, votre culpabilité à un souvenir d'enfance… Ce phénomène est normal : la plupart des problèmes comportent plusieurs couches émotionnelles. L'EFT permet d'éliminer chacune d'entre elles, une par une, comme on pèle un oignon. Ainsi, selon la complexité de votre problème, une ou plusieurs rondes seront nécessaires.*

*Pour faciliter la procédure, pensez à réévaluer l'intensité de votre problème après chaque ronde, à respirer profondément, et à boire de l'eau. Ensuite, poursuivez vos rondes en traitant les nouveaux aspects qui ont surgi.*

# Exercice n° 8 • La gamme des 9 actions

Maintenant que vous connaissez les points de la grande ronde, il vous reste à apprendre l'étape la plus étrange de l'EFT : la gamme des 9 actions. Elle est utilisée lorsque la stimulation des points méridiens n'a pas suffi à diminuer l'intensité de votre problème.

*Suivez les instructions ci-dessous pour effectuer la gamme des 9 actions.*

**1.** Tapotez avec trois doigts le **point de gamme (gamut) ou PG** situé entre les os (métacarpes) de l'annulaire et de l'auriculaire (voir le schéma ci-contre).

28

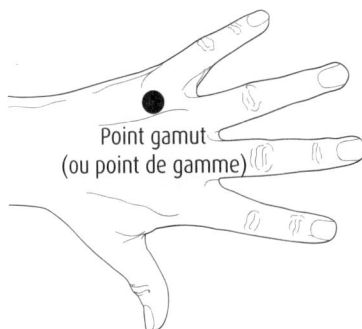

Point gamut
(ou point de gamme)

**2.** En même temps que vous tapotez, effectuez les 9 actions suivantes, tout en restant concentré sur votre problème et en gardant la tête droite :

- Regardez droit devant vous.
- Fermez les yeux.
- Ouvrez les yeux.
- Regardez en bas à droite sans bouger la tête.
- Regardez en bas à gauche sans bouger la tête.
- Roulez des yeux en cercle dans le sens des aiguilles d'une montre, puis dans l'autre sens.
- Fredonnez un air pendant 3 secondes, par exemple « *Joyeux anniversaire* ».
- Comptez à haute voix et rapidement de 1 à 5.
- Fredonnez à nouveau pendant 3 secondes.

## Commentaire

*La gamme des neuf actions a pour but de stimuler toutes les parties du cerveau afin d'accéder à des informations nécessaires au traitement. La séquence de la gamme des 9 actions dure 10 secondes. Gary Craig a remarqué qu'elle augmentait l'efficacité de l'EFT et accélérait la libération émotionnelle dans 30 % des cas. Effectuez cette gamme après la grande ronde si l'intensité du problème ne diminue pas.*

# Exercice n.9 • La recette de base

L'ensemble des exercices précédents constitue ce que Gary Craig appelle « la recette de base ». La voici dans son entier.

*Suivez les instructions ci-dessous pour effectuer la recette de base.*

**1.** Ciblez votre problème (exercice n° 3).

_ _ _ _ _ _ _ _ _ _ _ _ _ _ _ _ _ _ _ _ _ _ _ _ _ _ _ _ _

**2.** Évaluez l'intensité de votre problème (exercice n° 4) : _ _ _/10

**3.** Corrigez l'inversion psychologique avec la formule d'appel (exercice n° 5) en tapotant 3 fois le point karaté ou en massant le point sensible.

« MÊME SI J'AI (CE PROBLÈME),
JE M'AIME ET JE M'ACCEPTE TEL QUE JE SUIS » (RÉPÉTEZ 3 FOIS).

_ _ _ _ _ _ _ _ _ _ _ _ _ _ _ _ _ _ _ _ _ _ _ _ _ _ _ _ _

**4.** Effectuez la ronde des 14 points (exercices n°s 1 et 2) en utilisant les phrases de rappel (exercice n° 6) : « ce (problème), ce (problème) », etc.

_ _ _ _ _ _ _ _ _ _ _ _ _ _ _ _ _ _ _ _ _ _ _ _ _ _ _ _ _

**5.** Effectuez la gamme des 9 actions (exercice n° 8).

**6.** Refaites l'étape 4 (la ronde des 14 points).

**7.** Prenez quelques respirations profondes, buvez de l'eau, puis réévaluez l'intensité de votre problème : _ _ _/10

## Commentaire

*Cette recette de base complète comprend la grande ronde et la gamme des 9 actions. Elle dure au total de 1 minute à 1 minute et demie. Gary Craig l'a allégée au fil de ses expériences. Cependant, même si la ronde courte suffira à traiter la majorité de vos problèmes, apprenez la recette complète car elle pourra être nécessaire pour débloquer des problèmes résistants. Commencez par effectuer la version courte ; si l'intensité de votre problème ne diminue pas au bout de plusieurs rondes courtes, ajoutez la version longue ; si le problème persiste, poursuivez alors avec la gamme des 9 actions.*

*En général, plusieurs rondes seront nécessaires pour vous débarrasser totalement de votre problème, mais ne soyez pas surpris si parfois une seule ronde suffit. Tout est possible avec l'EFT !*

# Exercice n°10 • Que faire si le problème persiste ?

Malgré les rondes, il arrive que le problème persiste. Pourquoi ?

Vérifiez votre bonne pratique de l'EFT en répondant aux questions ci-dessous.

| | Oui | Non |
|---|---|---|
| **1.** Votre description du problème est-elle assez précise ? | | |
| **2.** Vos phrases expriment-elles votre situation et vos émotions de manière juste ? | | |

| | Oui | Non |
|---|---|---|
| **3.** Êtes-vous bien concentré sur votre problème ? | | |
| **4.** Doutez-vous de l'efficacité de la méthode ? | | |
| **5.** Avez-vous des avantages à conserver votre problème ? | | |
| **6.** Avez-vous effectué suffisamment de rondes ? | | |
| **7.** Avez-vous du mal à dire : « Je m'aime et je m'accepte » ? | | |
| **8.** Avez-vous respiré profondément après chaque ronde ? | | |
| **9.** Avez-vous bu assez d'eau pendant la séance ? | | |

## Analyse de vos réponses

**Question 1.** *Vous avez répondu NON ? Si vous êtes trop global, l'EFT ne fonctionnera pas ! Soyez spécifique, ciblez précisément votre problème, et traitez-en tous les aspects. C'est parfois le petit détail qui porte la clé du problème. Par exemple, au lieu de dire « Même si j'ai peur de l'eau… », dites « Même si j'ai peur de l'eau depuis que je suis tombé dans la piscine de mes grands-parents quand j'avais cinq ans… » Vérifiez que tous les aspects de votre problème ont été pris en compte en vous posant la question : qu'est-ce que ce problème réveille en moi ? quoi d'autre ? quoi d'autre encore ? etc. Ce peut être un souvenir, une phrase entendue ou lue, une émotion, une croyance, l'image d'une personne que vous avez côtoyée autrefois…*

**Question 2.** *Vous avez répondu NON ? Les mots sont porteurs de vibration et amplifient les émotions. N'hésitez pas à dire vos phrases avec emphase et à choisir des mots crus si nécessaire (par exemple : « Cet enfoiré, je le hais, c'est une ordure », etc.). Souvent, « Je suis un peu énervé » signifie « Je suis dans une colère noire ».*

**Question 3.** *Vous avez répondu NON ? Vous n'êtes pas assez connecté au problème ! Prenez le temps de vous relaxer puis de ressentir les émotions ou la douleur que vous désirez traiter. S'il s'agit d'une situation passée, revivez-la intensément, avec vos cinq sens.*

**Question 4.** *Vous avez répondu OUI ? Certains parmi les plus sceptiques arrivent à d'excellents résultats, d'autres ont besoin de traiter leurs doutes. Utilisez l'EFT pour lever vos résistances : « Même si je crois que l'EFT ne pourra pas guérir ma peur des hauteurs… », « Même si je trouve cette méthode loufoque et ridicule… »*

**Question 5.** *Vous avez répondu OUI ? Interrogez-vous : « Si je n'ai plus ce problème, que se passera-t-il ? » Perdrez-vous l'attention de vos proches ? Avez-vous peur d'être critiqué ou désapprouvé ? Devrez-vous prendre des décisions qui vous dérangent ? Dans ce cas, traitez cette résistance : « Même si être malade pour moi signifie recevoir de l'attention et de l'affection… », « Même si j'ai un avantage certain à garder ce problème (être malade, être inquiet, être triste) parce que… »*

**Question 6.** *Vous avez répondu NON ? Traitez votre impatience avec l'EFT si nécessaire ! Certains problèmes ont besoin de temps pour être résolus. Une séance peut durer quelquefois jusqu'à 1 heure. Parfois vous devrez effectuer des rondes plusieurs fois par jour, en particulier pour vous débarrasser de problèmes d'addiction.*

**Question 7.** *Vous avez répondu OUI ? Remplacez alors « Je m'aime et je m'accepte » par « Je m'accepte tel que je suis », ou « Je m'accepte avec ce problème », ou « Je fais toujours du mieux que je peux » ou encore « Je mérite le meilleur »… Il est important que la phrase vous convienne parfaitement.*

**Question 8.** *Vous avez répondu NON ? N'oubliez pas de souffler ! La respiration profonde évacue les tensions physiques et mentales, rééquilibre l'énergie et installe l'harmonie corps-esprit.*

**Question 9.** *Vous avez répondu NON ? N'hésitez pas à boire beaucoup entre les rondes ! L'eau facilite la circulation de l'énergie et accélère l'élimination des toxines et des émotions négatives.*

# 2

·

## Affûter l'outil

Vous connaissez maintenant la recette de base de l'EFT sur le bout des doigts et vous êtes à l'aise avec vos gammes. Il est temps pour vous de devenir un artiste de l'EFT !

Vous allez découvrir ici différentes manières d'utiliser cette technique. Les approches proposées ont été mises en place par des praticiens qui, au cours de leur expérience, ont exploré de nouvelles directions pour s'adapter au mieux aux besoins de leurs patients. Celles qui sont présentées dans ce chapitre sont les plus connues et les plus accessibles.

Faites de l'EFT un outil personnel, adaptez-le à votre sensibilité et à vos besoins. Certaines des méthodes que vous découvrirez vous conviendront, d'autres moins. Explorez-les toutes sans *a priori*, puis faites le tri. Vous pouvez combiner ces diverses approches entre elles, et bien sûr vous en inspirer pour explorer de nouvelles voies.

# Exercice n°11 • Commencer en douceur

Peut-être ne désirez-vous pas plonger dans vos émotions trop douloureuses ? Vous avez besoin de retrouver la sérénité avant de travailler sur votre problème ? Commencez en douceur avec cet exercice.

Suivez pas à pas les instructions ci-dessous.

**1.** De quelle qualité ou ressource avez-vous besoin pour que votre problème n'en soit plus un ?

*Par exemple :* besoin de garder mon sang-froid / besoin de confiance / besoin d'être détaché...

---

**2.** Rappelez-vous un moment de votre vie où vous avez activé cette ressource. Si vous n'en trouvez pas, choisissez une personne proche qui représente cette ressource et le souvenir d'un moment où elle a utilisé cette qualité.

---

**3.** Fermez les yeux et plongez dans ce souvenir avec vos cinq sens. Ressentez pleinement la ressource que vous voulez installer.

**4.** Effectuez des rondes en décrivant ce souvenir positif.

*Par exemple :* Je suis en paix sur la plage, devant la mer / J'entends les vagues qui vont et viennent / Je suis serein et apaisé / La vie est belle / Mon corps est détendu...

**5.** Terminez par une ronde où vous installez vos résolutions.

*Par exemple :* J'installe en moi la paix et la sérénité dont j'ai besoin / Je reste calme et détaché quoi qu'il arrive / Je sais que je suis capable de garder mon sang-froid / Je me sens solide comme un roc / Je décide de rester parfaitement serein quoi qu'il arrive...

### Commentaire

*Nul besoin de vous malmener : les émotions négatives ont certes besoin d'être neutralisées, mais la peur du traitement ne doit pas s'ajouter à vos difficultés ! Si vous ne vous sentez pas prêt à travailler directement sur votre problème, respectez-vous et installez d'abord les ressources dont vous avez besoin.*

## Exercice n°12 • Terminer en beauté avec la ronde positive

Ça y est, vous avez évacué les tensions, éliminé les émotions négatives et vous vous sentez maintenant bien mieux. Même si tout n'est pas complètement résolu, une dernière ronde positive bouclera la séance en ouvrant sur de nouvelles perspectives.

Après avoir créé vos phrases positives, tapotez les points méridiens selon le modèle de l'exercice n° 1 (ronde courte), puis suivez les indications ci-dessous.

**1.** Que souhaitez-vous concernant votre problème ?

*Par exemple :* remplacer la tristesse par la joie ou la sérénité / remplacer la douleur par une sensation de détente ou de chaleur / réussir à dormir paisiblement...

Votre problème initial était :

_ _ _ _ _ _ _ _ _ _ _ _ _ _ _ _ _ _ _ _ _ _ _ _ _ _ _ _ _ _

Vous avez maintenant l'intention de :

_ _ _ _ _ _ _ _ _ _ _ _ _ _ _ _ _ _ _ _ _ _ _ _ _ _ _ _ _ _

**2.** Créez votre affirmation à partir de vos désirs et de vos intentions.

_ _ _ _ _ _ _ _ _ _ _ _ _ _ _ _ _ _ _ _ _ _ _ _ _ _ _ _ _ _

**3.** Faites des rondes en répétant vos affirmations (vous pouvez changer de phrase sur chaque point).

*Par exemple : Je retrouve la confiance et je me détache de mes inquié-tudes concernant mon éventuel licenciement / J'ai l'intention d'oser exprimer ce que je pense dès que j'en ressens l'envie / Je reste calme chaque fois que je rencontre mon ex / Je me sens désormais détendu et confiant quand je dois parler en réunion / J'accepte le départ de ma fille et je reste confiant...*

**Variante :** au lieu d'effectuer des rondes, tapotez l'arrière de votre tête (au niveau du renflement occipital) en affirmant ces phrases positives.

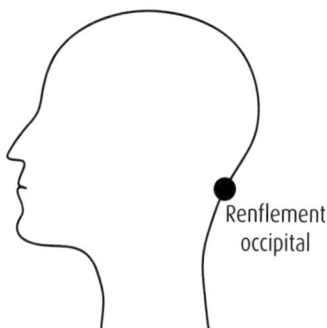

Renflement occipital

## Commentaire

*Les affirmations positives ont un véritable pouvoir sur notre corps et notre esprit. Utilisez-les pour installer de nouvelles données. Affirmez ces phrases avec conviction et énergie, à voix haute. Commencez par des formules telles que : « Je me libère de… », « Je mérite de… », « J'ai l'intention de… », « Je m'engage à… », « Je m'ouvre désormais à… », « Je choisis de… ».*

# Exercice 13 • La méthode des choix

Vous sentez-vous impuissant devant votre problème, victime des circonstances extérieures ? Libérez-vous de ce sentiment en retrouvant votre liberté d'être et d'agir. Alors, que choisissez-vous ?

*Suivez pas à pas les consignes ci-dessous.*

1. Après avoir ciblé votre problème et évalué l'intensité de votre émotion, définissez ce qui pourrait remplacer ce problème (son contraire).

   ***Par exemple :*** *Je suis en colère contre untel* sera remplacé par *Je garde mon sang-froid avec untel* / *Je me réveille la nuit* sera remplacé par *Je dors jusqu'au matin*.

Tapotez le point karaté en répétant 3 fois votre formule d'appel : « Même si j'ai (ce problème), je choisis de (complétez). »

***Par exemple :*** *Même si je me réveille toutes les nuits à 4 heures, je choisis de dormir profondément jusqu'à ce que le réveil sonne / Même si j'en ai assez de ces réveils nocturnes, je choisis de m'autoriser à passer une excellente nuit et à me réveiller à 7 heures seulement…*

**2.** Première ronde : tapotez les autres points en répétant la phrase de rappel qui résume votre problème.

*Par exemple :* *ces réveils à 4 heures du matin / ces nuits trop courtes...*

**3.** Deuxième ronde : tapotez chaque point méridien en répétant la phrase du choix.

*Par exemple :* *Je choisis de dormir toute la nuit profondément jusqu'à 7 heures.*

Je choisis de _____

**4.** Troisième ronde : alternez le problème et votre choix inverse.

*Par exemple :* *Je me réveille chaque nuit à 4 heures / Je dors profondément toute la nuit jusqu'à 7 heures / Je me réveille chaque nuit à 4 heures / Je dors profondément toute la nuit jusqu'à 7 heures...*

À vous : J'ai (ce problème) / Je choisis de (choix inverse) / J'ai (ce problème).

_____

_____

**5.** Terminez par une ronde positive.

Je choisis de _____

## Commentaire

*Cette méthode baptisée* Choice Method *et mise au point par Patricia Carrington est devenue une base en EFT. Vous pouvez facilement l'intégrer à d'autres exercices. Elle prend en compte simultanément le problème et son contraire, ce qui accélère le processus. Choisir est aussi le meilleur moyen de retrouver la pleine responsabilité de sa vie et de sortir d'une position de victime. Oui, vous avez toujours le choix, notamment de regarder votre problème dans une perspective positive. Si votre point de vue est négatif, vous pouvez également utiliser la méthode du recadrage (exercice n° 21).*

# Exercice n°14 • Et si...

Parfois, lorsque vous terminez votre séance par des rondes de phrases positives, des doutes surgissent : « Ce serait trop beau si ça marchait », ou alors « J'aimerais que ce soit vrai »... Dans ce cas, effectuez une ronde « Et si... » pour vous ouvrir sans résistance à tous les possibles.

*Après votre dernière ronde, suivez les indications ci-dessous.*

**1.** À la place de votre problème, quelle situation pourriez-vous imaginer ?

_ _ _ _ _ _ _ _ _ _ _ _ _ _ _ _ _ _ _ _ _ _ _ _ _ _ _ _ _ _ _ _

**2.** Tapotez chaque point méridien (ronde courte ou longue) en répétant des questions commençant par « Et si... » : *Et si je pouvais regarder une souris en gardant mon sang-froid ? / Et si j'étais capable de m'organiser facilement ? / Et si je pouvais réussir cet examen haut la main ? Et si je pouvais arrêter de fumer sans grossir ? / Et si je pouvais me sentir en sécurité même quand je suis seul ? / Et si je n'avais plus ces crampes au ventre quand je suis stressé ?...*

Et si _ _ _ _ _ _ _ _ _ _ _ _ _ _ _ _ _ _ _ _ _ _ _ _ _ _ _ _ _ _

Et si _ _ _ _ _ _ _ _ _ _ _ _ _ _ _ _ _ _ _ _ _ _ _ _ _ _ _ _ _ _

Et si _ _ _ _ _ _ _ _ _ _ _ _ _ _ _ _ _ _ _ _ _ _ _ _ _ _ _ _ _ _

## Commentaire

*Pour certains, le fait d'affirmer « Je suis complètement libéré de ma peur » peut réveiller des résistances. La méthode des « Et si... » permet l'installation du positif tout en douceur. Cette méthode par le questionnement, mise au point par Carol Look, est particulièrement efficace car elle permet au conscient de s'ouvrir au changement sans résistance. Amusez-vous avec cette méthode comme un enfant pour qui tout est toujours possible.*

# Exercice n°15 • Oui, mais...

Tout est possible : oui, vous l'admettez, votre projet pourrait bien aboutir, mais il y a des freins financiers, le manque de temps, et aussi vos capacités trop limitées, et... il y a surtout toutes ces croyances et ces pensées qui vous empêchent de vous réaliser. Prenez conscience de vos doutes pour mieux les éliminer.

*Affirmez votre objectif à voix haute et avec conviction, puis notez tous les « oui, mais... » qui surgissent, avant de suivre les instructions ci-dessous.*

**1.** Votre objectif :

J'ai envie de _ _ _ _ _ _ _ _ _ _ _ _ _ _ _ _ _ _ _ _ _ _ _ _ _ _ _ _ _ _ _ _

**2.** Écoutez les doutes éventuels qui surgissent au fond de vous. Listez vos « oui, mais... ».

**Par exemple :** *Oui, mais je ne suis pas un aventurier / Oui, mais je n'ai pas assez d'argent / Oui, mais que vont dire les autres ?...*

Oui, mais_ _ _ _ _ _ _ _ _ _ _ _ _ _ _ _ _ _ _ _ _ _ _ _ _ _ _ _ _ _ _ _ _

Oui, mais_ _ _ _ _ _ _ _ _ _ _ _ _ _ _ _ _ _ _ _ _ _ _ _ _ _ _ _ _ _ _ _

Oui, mais_ _ _ _ _ _ _ _ _ _ _ _ _ _ _ _ _ _ _ _ _ _ _ _ _ _ _ _ _ _ _

**3.** Effectuez des rondes sur chacun de vos « oui, mais... » :

• Tapotez le point karaté en répétant 3 fois votre formule d'appel : *Même si je voudrais changer de métier mais que je suis trop âgé pour cela, je m'aime et je m'accepte tel que je suis.*

• Tapotez les autres points en répétant votre phrase de rappel : *trop âgé pour changer de métier / trop âgé pour...*

**4.** Évaluez votre croyance en la réussite de votre objectif : _ _ _/10

## Commentaire

*Vous serez probablement surpris du nombre de doutes qu'éveillent vos envies. Commencez par les doutes les plus importants, les plus faibles disparaîtront souvent d'eux-mêmes. D'autres seront faciles à démonter sans besoin de rondes. Vous pouvez alterner vos phrases de rappel (doute / envie / doute / envie) selon la méthode des rondes alternées de l'exercice n° 16. Par exemple : « J'ai envie de me marier ; oui, mais j'ai peur de perdre ma liberté / Je suis prêt à m'engager dans une vie de couple ; oui, mais la routine me fait peur », etc. Terminez toujours par une ronde positive.*

# Exercice n°16 • Résoudre ses contradictions

Votre problème est-il issu d'un tiraillement ? D'un conflit entre deux envies ou deux perspectives ? Comment retrouver la cohérence et l'unité ? Avec la ronde alternée.

**1.** Prenez conscience de vos contradictions.

*Par exemple :* Je veux divorcer et en même temps je ne veux pas rester seul / Je suis en colère et en même temps je fais tout pour le cacher / Je veux rencontrer quelqu'un et en même temps j'aime ma liberté / Je veux arrêter de fumer et en même temps je ne veux pas m'empêcher ce plaisir.

Je _ _ _ _ _ _ _ _ _ _ _ _ _ et en même temps _ _ _ _ _ _ _ _ _ _ _ _

**2.** Tapotez le point karaté en répétant 3 fois votre formule d'appel pour accepter vos contradictions.

*Par exemple :* Même si j'ai envie d'arrêter de fumer et en même temps pas envie de me priver de ce plaisir, je m'aime et je m'accepte avec cette contradiction.

Même si _ _ _ _ _ _ _ _ _ _ _ _ et en même temps _ _ _ _ _ _ _ _ _ _ _ _ , je m'aime et je m'accepte avec cette contradiction.

**3.** Effectuez des rondes alternées.

*Par exemple :* Envie d'arrêter de fumer / Pas envie de supprimer ce plaisir...

**4.** Installez votre choix.

• Choisissez le point de vue qui vous convient le mieux et tapotez 3 fois le point karaté tout en répétant votre choix : *Même si j'éprouve du plaisir à fumer, je choisis de m'arrêter parce que je veux être en bonne santé...*

• Tapotez les autres points en répétant vos phrases d'appel : *Je choisis de m'arrêter de fumer / Je choisis de conserver ma bonne santé / Je choisis de prendre soin de moi / Je choisis de me passer facilement de tabac...*

## Commentaire

*Cette technique permet de reconnaître et d'accepter vos contradictions. Ces contradictions ou dualités existent en vous comme les deux faces d'une pièce de monnaie, toujours indissociables : la peur et le courage, le complexe de supériorité et le complexe d'infériorité, la joie et la tristesse, l'envie d'aimer et l'envie de rester libre, la dépendance et l'indépendance... C'est pourquoi il est difficile, voire impossible, de vous en libérer si vous ne prenez en compte que le côté de la pièce qui vous arrange : le côté opposé se manifestera forcément un jour ou l'autre. La seule solution est de les prendre en compte ensemble et de les transcender. Dès lors, vous ne serez plus victime de la bipolarité mais vous vous en libérerez et vous en deviendrez le maître.*

*Décelez vos dualités les plus importantes et travaillez sur elles une à une. De nombreux problèmes de votre vie qui en découlent seront alors résolus : « Même si j'ai envie de vivre en couple, en même temps j'ai peur de perdre ma liberté », « Même si j'ai envie d'être reconnu et aimé, en même temps j'aime ma solitude et ma tranquillité », « Même si j'ai envie de réaliser des tas de projets, en même temps j'aime ne rien faire »...*

# Exercice n°17 • Le tapping continu sans parole

Que faire quand les larmes coulent à flots, que la panique vous submerge ? Essayez le tapping continu.

> Tapotez les points méridiens selon les indications ci-dessous.

**1.** Tapotez les points de la version courte en continu, sans passer par la phase préparatoire du point karaté et sans parler. Restez simplement concentré sur votre émotion ou votre douleur. Enchaînez les rondes jusqu'à ce que vous vous sentiez mieux.

**2.** Reprenez les rondes classiques.

## Commentaire

*Cette version d'urgence vous aidera grandement lors de crises pour gérer l'angoisse, la peur, la colère ou les douleurs physiques. Si vous avez du mal à tapoter tous les points, limitez-vous à ceux que vous préférez – par exemple le point de la clavicule (ou Cl), qui est en lien avec la panique.*

# Exercice n°18 • La technique du film

Votre problème est-il relié à un événement spécifique, à un souvenir qui vous hante ? Vous avez du mal à en parler sans émotions ? Avec cette technique, vous prendrez de la distance avec votre histoire et vous vous en libérerez en douceur.

*Faites un film de votre problème (il doit se dérouler en quelques minutes ou quelques heures, et non en quelques jours), puis suivez pas à pas les instructions ci-dessous.*

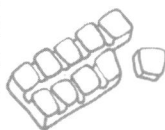

**1.** Donnez un titre à votre film en essayant d'être précis.

**Par exemple :** *Panique dans l'ascenseur de mon immeuble / Le décès de mon frère / Le jour où j'ai eu l'accident de voiture.*

**2.** À combien évaluez-vous son intensité ? _ _ _/10

**3.** Effectuez une ronde en répétant seulement le titre de votre film comme phrase de rappel.

**4.** Vérifiez l'intensité de votre émotion : _ _ _/10. Refaites une ronde sur le titre si nécessaire.

**5.** Imaginez que vous regardez ce film. Chaque fois qu'une émotion commence à surgir (colère, tristesse, larmes, angoisse...), mettez le film intérieur sur pause et effectuez des rondes sur cette émotion jusqu'à ce qu'elle disparaisse.

• Tapotez le point karaté en répétant 3 fois votre formule d'appel : *Même si j'ai eu peur de mourir quand j'ai vu la voiture arriver sur moi, je m'aime et je m'accepte tel que je suis.*

• Tapotez les autres points en répétant votre phrase de rappel : *peur de mourir / peur de mourir...*

**6.** Une fois que l'intensité de votre émotion est descendue à 0, remettez le film en route. Si d'autres émotions surgissent, recommencez l'étape 4. Poursuivez ainsi jusqu'à la fin du film.

**7.** Vérifiez à nouveau l'intensité de votre émotion. La séance est terminée lorsque vous pouvez visualiser le film sans ressentir d'émotions négatives.

## Commentaire

*Cette technique vous oblige à être précis, une des clés de la réussite de l'EFT. Elle permet aussi de mettre à distance le problème, ce qui en fait une méthode privilégiée pour traiter les traumatismes. Vous remarquerez parfois en fin de séance que vous n'arrivez plus à visualiser le film tel qu'il était : le scénario et le titre du film se transforment souvent au fur à mesure de la libération de vos émotions.*

*Si votre film se déroule en plusieurs heures ou plusieurs jours, extrayez-en la scène clé ou découpez-le en épisodes, puis effectuez les étapes ci-dessus en suivant l'ordre chronologique des événements. N'attendez pas que l'émotion soit trop forte pour tapoter dessus.*

*Variante : voici une autre façon de vous libérer d'un souvenir traumatisant, avec la technique « Raconter l'histoire », qui est très proche de celle du film. Pour commencer, tapotez sur votre difficulté éventuelle à en parler : « Même si j'ai du mal à reparler de cette histoire, je... », « Même si je me sens triste et en colère quand je reparle de cette histoire… ». Adaptez la phrase en fonction de votre ressenti. Quand vous vous sentez plus calme, vous pouvez raconter l'histoire à voix haute en la débutant au moment où vous vous sentiez encore bien. Dès qu'une émotion surgit, tapotez jusqu'à ce que son intensité descende à 0. Vérifiez si vous pouvez en parler sans émotions.*

**Important :** *Pour débuter, travaillez sur des événements mineurs. Si l'intensité de vos émotions augmente durant la séance, ou si vous souhaitez travailler sur des traumatismes lourds, consultez un praticien expérimenté.*

# Exercice n°19 • Le tapping sans... tapping

Vous appréciez l'EFT, mais tapoter sur les méridiens vous ennuie ou bien tapoter vous est désagréable, voire douloureux ? Qu'à cela ne tienne ! Vous pouvez pratiquer l'EFT sans tapoter grâce à la technique *Touch and Breath*.

*Ciblez votre problème et effectuez vos rondes en suivant les indications ci-dessous.*

**1.** Répétez 3 fois votre formule d'appel sur le point karaté en tenant le point. Respirez entre les trois phrases.

**2.** Poursuivez en faisant de même sur les autres points : tenez le point, dites la phrase de rappel et respirez profondément.

## Commentaire

*Les respirations doivent être profondes mais rester confortables. Respirez en prenant votre temps et surtout sans forcer : ne créez pas d'hyperventilation !*

*Cette technique, plus douce que le tapotement, est parfois plus adaptée. Par exemple, elle convient mieux aux personnes âgées, ou dans les cas de maladie ou de fièvre qui rendent le corps hypersensible, ou encore aux personnes trop nerveuses et qui « oublient » parfois de respirer.*

# Exercice n° 20 • Le tapping discret

Vous êtes à l'aise avec l'EFT et son aspect étrange ne vous gêne pas… tant que vous êtes seul. Mais voilà, vous aimeriez pouvoir tapoter en tous lieux. Voici quelques astuces simples et discrètes.

*Testez ces diverses variantes de tapping discret et choisissez celle que vous préférez.*

**Variante 1 :** Imaginez que vous faites des rondes EFT tout comme vous les feriez réellement.

**Variante 2 :** Tapotez seulement les points méridiens les plus discrets (ceux de la main ou le point karaté) tout en imaginant vos phrases.

**Variante 3 :** Pressez légèrement les points méridiens et respirez profondément sur chacun, en imaginant vos phrases (exercice n° 19). Vous pouvez par exemple appuyer sur les deux points de la clavicule simultanément avec le pouce et le majeur d'une seule main tout en respirant profondément.

**Variante 4 :** Massez doucement les points méridiens dans un sens circulaire (point karaté, point gamut, ou d'autres points discrets) et imaginez vos phrases.

## Commentaire

*Vous pouvez utiliser le tapping discret en réunion, dans la foule, au cinéma, dans le métro bondé, lors d'une soirée, au restaurant…*

*Ces astuces sont efficaces également lorsque vous désirez vous endormir et que le fait de tapoter sur votre envie de dormir… finit par vous réveiller. Dans ce cas, imaginez que vous tapotez, c'est magique !*

# Exercice n° 21 • Recadrer le problème

Regardez-vous le verre à moitié vide ou à moitié plein ? Et si vous décidiez de recadrer votre problème pour le voir sous son angle positif ?

*Munissez-vous d'un crayon et d'une feuille de papier, puis suivez les instructions ci-dessous.*

**1.** Concentrez-vous sur votre problème et décrivez-le par écrit.

---

**2.** Notez tous les recadrages positifs possibles, même les plus farfelus (utilisez l'humour).

*Par exemple : Paul m'a quittée ; heureusement parce que je ne veux pas vivre avec quelqu'un qui ne m'aime pas / J'avais laissé de côté tous mes amis quand j'étais avec lui / Il n'y aura plus de disputes / J'étais trop dépendante de lui / Je vais profiter de mon célibat pour m'occuper davantage de moi et rencontrer de nouvelles personnes / Je vais me remettre au piano, il détestait ça / Ce sont mes parents qui vont être contents / Je vais apprendre à vivre seule…*

**3.** Effectuez des rondes pour chacun des recadrages.

• Tapotez le point karaté en répétant 3 fois votre formule d'appel : « Même si (complétez), je m'aime et je m'accepte tel que je suis et je choisis (complétez avec la perception positive) » (exercice n° 13).

*Par exemple :* *Même si Paul m'a quittée, je préfère qu'il parte plutôt qu'il reste avec moi sans amour.*

• Tapotez les autres points en répétant votre phrase de rappel : *Je suis mieux seule qu'avec Paul qui ne m'aime plus / Je serai plus heureuse avec quelqu'un qui m'aime...*

## Commentaire

*Cette technique est un merveilleux moyen de relativiser et de transformer le négatif en positif. L'humour est un recadrage très efficace et un des meilleurs moyens de vous détacher du problème et de retrouver la joie de vivre.*

*Vous pouvez demander de l'aide à un ami pour trouver des phrases farfelues ou absurdes : « J'ai raté mon permis, heureusement, il y aura moins de morts sur la route », « J'ai la phobie des serpents, c'est mieux que d'avoir la phobie des pigeons à Paris », « Je suis très dépensier, mais je redynamise l'économie nationale »...*

# Exercice n°22 • Le dialogue libérateur

Votre problème est-il en lien avec une autre personne ? Est-ce que la situation vous interdit de vous exprimer librement ? Imaginez que la personne en question est devant vous et osez lui dire tout ce que vous avez sur le cœur.

*Choisissez la personne à qui vous voulez vous adresser, puis suivez les indications ci-dessous.*

**1.** Tapotez le point karaté en répétant 3 fois votre formule d'appel : « Même si (prénom de la personne à qui vous vous adressez), tu as (complétez), je m'accepte tel que je suis. »

*Par exemple :* *Même si, papa, je te déteste pour m'avoir abandonné à 5 ans quand tu as quitté brusquement maman, je m'accepte tel que je suis.*

**2.** Tapotez les autres points en répétant votre phrase de rappel.

*Par exemple :* Tu m'as abandonné / Je ne te le pardonnerai jamais / Comment as-tu pu faire cela ? / Tu es lâche / Je n'ai pas eu de père / Tu ne m'as pas dit au revoir / Tu as fait du mal à maman / Je te déteste / J'ai honte d'être ton enfant.

**3.** Effectuez une dernière ronde.

*Par exemple :* Je t'ai dit tout ce que je voulais et je me sens soulagé / Le passé c'est le passé / J'avance maintenant sur mon chemin de vie / Je me libère de ce passé qui m'entrave / Je ne gagne rien à t'en vouloir sauf à me faire du mal / Je vis à présent sans ce poids qui m'entravait / Je me sens plus léger et serein / J'avance vers mon avenir avec optimisme.

## Commentaire

*Exprimer des paroles refoulées est un excellent moyen de se libérer rapidement et définitivement des émotions enfouies : culpabilité, colère, rancune, regret… Parlez crûment si besoin, laissez les mots venir, exprimez-vous haut et fort. Vous pouvez aussi dialoguer avec une personne décédée (« Même si tu me manques trop et que je me sens abandonné depuis que tu es parti »…), avec vous-même (« Même si toi [votre prénom], tu n'es pas aussi parfait que ce que je voudrais, je choisis de t'aimer et de t'accepter tel que tu es »), ou avec les cellules de votre corps (« Même si toi, le corps, tu n'arrives pas à atteindre le poids que je désire, je choisis de t'aimer et de t'accepter tel que tu es »). Vous pouvez compléter votre dialogue avec la technique du pardon libérateur (exercice n° 45).*

# Exercice n° 23 • La procédure de paix personnelle

La procédure de paix personnelle (PPP) est un outil prodigieux pour vous transformer profondément et, comme le dit Gary Craig, créateur de l'EFT : « J'espère que cette procédure

© Groupe Eyrolles

deviendra une habitude répandue dans le monde entier ».
Alors, prêt pour le grand nettoyage ?

*Munissez-vous d'un crayon et d'une feuille de papier,*
*détendez-vous quelques instants, puis suivez les*
*instructions ci-dessous.*

**1.** Listez tous les événements de votre vie dont le souvenir vous perturbe. Choisissez des événements particuliers et racontez-les précisément. Une bonne cinquantaine de souvenirs est la moyenne.

**2.** Pour chacun, donnez un titre (soyez précis).

    **Par exemple :** *La gifle que j'ai reçue de mon père devant l'école.*

**3.** Choisissez le souvenir le plus douloureux et traitez-le en EFT avec la technique du film (exercice n° 18).

**4.** Lorsque la charge émotionnelle liée à cet événement est descendue à 0, passez au souvenir suivant.

**5.** Faites de même pour chaque événement de votre liste, l'un après l'autre.

## Commentaire

*Gary Craig conseille de travailler au minimum un événement par jour pendant au moins trois mois. Rassurez-vous, une seule ronde peut parfois résoudre plusieurs événements associés (imaginez une table avec des dizaines de pieds : vous n'avez pas besoin de les couper tous pour déséquilibrer la table et la faire tomber ; quelques-uns, bien placés, suffisent). Considérez cette méthode comme un accélérateur de transformation. Observez vos réactions et vos ressentis, et notez les changements que vous constaterez : ils seront de plus en plus perceptibles au fur et à mesure de vos séances.*

# Exercice n°24 • L'EFT par procuration

Serait-il possible d'apporter votre aide à une personne éloignée géographiquement ? Pouvez-vous tapoter sur vous-même pour soulager la souffrance d'un proche ? De nombreux praticiens et patients d'EFT l'ont expérimenté et le confirment : oui, le tapotement par procuration permet d'aider quelqu'un à distance.

*Relaxez-vous quelques instants, yeux fermés, puis concentrez-vous sur la personne que vous désirez aider, avant de suivre les indications ci-dessous.*

**1.** Notez le problème de cette personne.

_____

_____

**2.** Tapotez sur le point karaté en répétant 3 fois votre formule d'appel.

**Par exemple :** *Même si Cédric est stressé pour son entretien professionnel de demain, je l'aime et je l'accepte tel qu'il est.*

**3.** Puis traitez le problème selon la technique EFT adaptée (vous pourrez trouver des modèles de séance dans le chapitre 3).

## Commentaire

*Aider l'autre, c'est aussi s'aider soi-même. Mais avant d'aider autrui, je vous conseille de faire le point sur vos émotions suscitées par le problème de cette personne : vous sentez-vous impuissant, triste ? Ressentez-vous un sentiment d'injustice, de culpabilité ou de l'inquiétude ? Si c'est le cas, traitez vos émotions avant de faire cet exercice. Par exemple, si votre bébé ne cesse de pleurer, commencez par tapoter sur votre inquiétude ou votre agacement, ou encore sur votre sentiment d'impuissance.*

*L'EFT par procuration peut aussi aider les animaux : aider votre chat à se remettre d'une opération, votre chien à être moins turbulent... tout est possible. Certains arrivent même à des résultats avec les plantes !*

# Exercice n°25 • L'EFT pour les enfants

L'EFT est d'une telle simplicité que vous pouvez effectuer des séances avec des enfants et même leur apprendre à l'utiliser. Non seulement l'EFT les amuse, mais elle s'avère même particulièrement efficace sur eux.

*Lisez attentivement ces conseils avant de commencer une séance avec votre enfant.*

**1.** Présentez l'EFT de manière ludique.

• Aux plus petits, vous pouvez expliquer que les points méridiens sont comme des boutons magiques qui peuvent les aider à résoudre leur problème.

• Aux plus grands, expliquez que le corps est parcouru de lignes comme celles qui distribuent l'électricité (les méridiens) et sur lesquelles se trouvent des portes (les points méridiens). Quand nous ressentons des émotions désagréables, ces portes sont bloquées. En tapotant dessus, nous ouvrons la porte, ce qui libère l'énergie bloquée et les émotions.

**2.** Montrez les points (choisissez la façon la plus adapté

• Tapotez une première fois sur votre enfant (aup~
toujours l'autorisation de le toucher).

- Tapotez sur vous pendant qu'il vous imite.
- Pour les plus petits : montrez la position des points sur un doudou sur lequel il pourra tapoter ensuite.

**3.** Pour connecter votre enfant au problème, dites-lui : « Raconte-moi ce qui ne va pas » (en général, il ne parlera que des faits et non de ses émotions). Ajoutez alors : « Comment te sens-tu quand tu me racontes ça ? », « Où se trouve ta tristesse, colère, peur... dans ton corps ? » Un conseil : notez ses phrases car elles constitueront les phrases du tapping.

**4.** Évaluez son problème : votre enfant peut figurer la grandeur de son problème en écartant les mains l'une de l'autre. Vous pouvez aussi utiliser ce type de réglette :

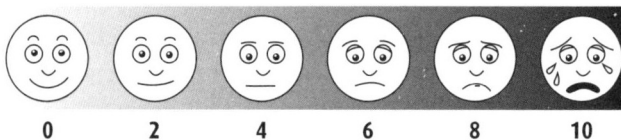

| 0 | 2 | 4 | 6 | 8 | 10 |

**5.** Tapotez sur le point karaté en répétant 3 fois vos formules d'appel :
- *Même si (j'ai ce problème), je suis un chouette garçon/fille.*
- *Même si (j'ai ce problème), je suis super cool.*
- *Même si (j'ai ce problème), je suis top génial.*
- Pour les plus petits : *Même si (j'ai ce problème), papa et maman m'aiment fort.*

**6.** Effectuez des rondes courtes.
- Faites la séquence en même temps que votre enfant.
- Utilisez ses propres mots ou proposez-lui des phrases en lui demandant si elles lui conviennent.

pe Eyrolles

pour retourner jouer ou s'ils s'exclament « Ça suffit ! », c'est que le problème est résolu ! L'EFT fonctionne à merveille sur les enfants : ne vous étonnez donc pas qu'ils aillent mieux après une ou deux rondes seulement. Vous pouvez instaurer l'habitude d'effectuer quelques rondes chaque soir afin d'éliminer les tracas de l'enfant au fur et à mesure qu'ils apparaissent.

L'idéal est de lui apprendre à utiliser l'EFT seul. Il se sentira fier de savoir comment résoudre ses problèmes sans votre aide et développera ainsi sa confiance.

**Variantes :** vous pouvez utiliser le tapping continu (exercice n° 17) pendant que l'enfant raconte l'événement qui l'a perturbé. Vous pouvez aussi demander à l'enfant de dessiner son problème, puis de tapoter en regardant son dessin – dans ce cas, pour évaluer comment il se sent après la séquence, demandez-lui de redessiner son problème.

# Exercice n°26 • Arrêter en douceur une séance non résolue

Vous tapotez de tout votre cœur pour résoudre un problème et vous vous rappelez soudain un rendez-vous, ou une séance dure trop longtemps à votre goût et vous aimeriez la reprendre plus tard... Ne l'arrêtez pas brutalement, mais prenez quelques secondes pour la terminer en douceur.

Ajoutez une dernière ronde selon les instructions ci-dessous.

**1.** Tapotez sur le point karaté en répétant 3 fois une dernière formule d'appel. Choisissez la formule qui vous convient :

*Même si je n'ai pas eu le temps d'éliminer totalement ce problème avec l'EFT, je choisis de reprendre la séance plus tard.*

*Même si je dois interrompre cette séance sans avoir résolu mon problème, je sais qu'il faut parfois plusieurs séances pour que cela fonctionne et je poursuivrai plus tard.*

*Même si j'ai ce rendez-vous qui m'oblige à arrêter la séance, je garde le bénéfice de tout ce que j'ai fait jusque-là et je continuerai la séance quand je serai disponible.*

**2.** Effectuez éventuellement une dernière ronde courte, en vous inspirant des phrases de rappel suivantes :

*Je résoudrai mon problème la prochaine fois.*

*J'ai ouvert une porte sur la résolution de mon problème.*

*Durant cette pause EFT, je continue d'avancer vers la résolution de mon problème.*

*J'ai fait du mieux que je pouvais et je suis content.*

*Qui sait, peut-être que j'ai résolu mon problème sans m'en rendre compte ?*

*Je me détends et je reprendrai la séance demain.*

## Commentaire

*Modifiez les phrases de la ronde en les adaptant au mieux à votre cas. L'idée est d'éviter d'amplifier vos émotions négatives (déception, frustration, impuissance, sentiment d'échec…) pour ne pas créer de nouvelles résistances. En terminant ainsi, vous préparez des conditions idéales pour la prochaine séance.*

# Exercice n°27 • Tenir un journal EFT

La tenue d'un journal EFT vous permettra de constater vos progrès et d'améliorer vos séances. Il constituera en même temps le récit de votre exploration intérieure. Voici des propositions de présentation.

*Munissez-vous d'un cahier ou d'un classeur, puis suivez les instructions ci-dessous.*

- Notez la date et l'heure du début de votre séance.
- Décrivez le contexte de votre vie actuelle en quelques mots.
- Fermez les yeux, plongez-vous dans votre problème, puis décrivez-le par écrit.
- Notez l'objectif précis de votre séance.
- Notez l'intensité de votre problème.
- Effectuez votre première ronde d'EFT, yeux fermés si possible, pour mieux vous recentrer.
- À la fin de la séance, ouvrez les yeux, respirez profondément, buvez de l'eau, puis prenez le temps de ressentir ce qui se passe avant de noter les détails de votre ronde.
- Évaluez la nouvelle intensité de votre problème.
- Poursuivez de la même manière avec les autres rondes. La séance est finie lorsque l'intensité de votre problème est descendue à 0.
- Pour terminer, respirez profondément, buvez de l'eau, notez votre nouvel état d'esprit (pensées, émotions, sensations). Notez aussi l'heure de fin de la séance.

## Commentaire

*Steve Wells, expert EFT et conférencier australien, est à l'origine de cette idée de tenir un journal EFT. Vous pouvez, tout comme lui, retranscrire votre séance directement sur votre ordinateur. Un conseil : fermez les yeux durant le tapping pour rester en connexion avec vos émotions, puis ouvrez-les seulement au moment d'écrire.*

*Ce journal facilitera et ancrera vos prises de conscience. Plus tard, quand vous le relirez, vous pourrez mesurer l'importance de votre transformation avec l'EFT. Grâce à ces notes, vous pourrez aussi reprendre là où vous en étiez si votre séance précédente n'a pas été bouclée.*

*Notez aussi les faits inhabituels qui surviennent après vos séances (rencontres, retrouvailles surprises, idées de projets, résolutions de conflits, hasards bienvenus, etc.). Vous constaterez que ˈ mations intérieures sont toujours suivies de changemen*

# 3.

## L'EFT au quotidien

Vous pouvez utiliser l'EFT dans tous les domaines de votre vie, pour libérer une colère, faire disparaître une phobie, soulager une douleur, améliorer des performances sportives ou cérébrales, surmonter un chagrin d'amour, gérer des dépendances, retrouver confiance en vous, accélérer votre développement personnel... Non seulement vous pouvez pratiquer l'EFT pour tout, mais vous pouvez aussi la pratiquer partout (rappelez-vous que le tapping peut être discret), par exemple pour traiter votre angoisse dans l'ascenseur de votre immeuble, calmer votre stress dans les transports en commun ou dans votre voiture, gérer votre envie de fumer au cinéma...

Vous trouverez dans ce chapitre des modèles de séance sur des problèmes spécifiques, comme l'insomnie ou la phobie. N'hésitez pas à modifier les phrases proposées, elles sont là pour vous inspirer. Quand vous maîtriserez mieux l'EFT, vous combinerez les exercices de ce chapitre avec les techniques présentées dans le chapitre 2.

Si, pendant et après vos séances, vous ressentez de fortes envies de bâiller, c'est le signe que vos charges émotionnelles se sont libérées. Stimuler les points méridiens procure toujours une grande détente et calme l'esprit. Certains problèmes seront résolus en une seule séance ; pour d'autres, vous devrez persévérer, et même tapoter plusieurs fois par jour pendant quelques semaines. Restez patient et effectuez toujours ces séances avec plaisir, sans vous forcer.

# Exercice n°28 • Je m'aime et je m'accepte

Si vous ne deviez faire qu'un seul exercice, ce serait celui-ci. Pourquoi ? Parce que la majorité de nos problèmes proviennent d'un manque d'estime de soi. Selon des études psychologiques, 90 % des êtres humains en souffrent ! Alors commencez par vous aimer tel que vous êtes et une grande partie de vos problèmes disparaîtront.

*Respirez profondément, détendez-vous et suivez les instructions ci-dessous.*

**1.** Évaluez l'estime de vous-même.

• Dites avec conviction, en vous imaginant en face de vous-même ou, mieux, en vous regardant dans un miroir : « Je m'aime profondément et je m'accepte tel que je suis. » Que ressentez-vous ?

‒ ‒ ‒ ‒ ‒ ‒ ‒ ‒ ‒ ‒ ‒ ‒ ‒ ‒ ‒ ‒ ‒ ‒ ‒ ‒ ‒ ‒ ‒ ‒ ‒ ‒ ‒ ‒ ‒ ‒ ‒

• Si vous sentez un inconfort, définissez-le (dégoût, indifférence, haine, colère, doute) :

‒ ‒ ‒ ‒ ‒ ‒ ‒ ‒ ‒ ‒ ‒ ‒ ‒ ‒ ‒ ‒ ‒ ‒ ‒ ‒ ‒ ‒ ‒ ‒ ‒ ‒ ‒ ‒ ‒ ‒ ‒

• Évaluez ce dérangement : _ _ _/10

• Faites la liste de ce qui vous dérange en vous.

‒ ‒ ‒ ‒ ‒ ‒ ‒ ‒ ‒ ‒ ‒ ‒ ‒ ‒ ‒ ‒ ‒ ‒ ‒ ‒ ‒ ‒ ‒ ‒ ‒ ‒ ‒ ‒ ‒ ‒ ‒

**2.** Tapotez le point karaté en répétant 3 fois votre formule d'appel : *Même me déteste/je me dégoûte/je m'indiffère), je mérite d'être aimé*

**3.** Effectuez des rondes avec des phrases de rappel qui reprennent les éléments de votre liste : *Je suis trop timide / Je suis inintéressant / On s'ennuie avec moi / Mon regard est fuyant / Je suis trop discret / J'ai de trop grosses cuisses / J'ai un menton proéminent / Je ne suis pas cultivé...*

**4.** Faites la liste de tout ce que vous aimez chez vous (ne soyez pas modeste !).

- - - - - - - - - - - - - - - - - - - - - - - - - - - - - - - - - - - -

Effectuez des rondes sur chacune de vos qualités.

***Par exemple :*** *Je suis généreux / Je suis sensible / Je sais me débrouiller tout seul / Je ris facilement / J'ai de beaux yeux / Je suis élégant / Je pardonne facilement / Je dessine très bien...*

**5.** Terminez en beauté.

Effectuez des rondes en affirmant : *Je suis apprécié par (prénom) / Je mérite le respect de tous / Je me respecte / Quand je m'aime, je montre le meilleur de moi-même / Je suis heureux quand je m'aime / Tout le monde mérite d'être aimé et donc moi aussi / Je suis unique au monde / Le monde ne serait pas pareil sans moi / Je mérite le meilleur / J'ai des qualités que d'autres apprécient...*

**6.** Vérifiez l'estime de vous-même. Affirmez à haute voix et avec conviction : « Je m'aime et je m'accepte tel que je suis. » Comment vous sentez-vous à présent ?

- - - - - - - - - - - - - - - - - - - - - - - - - - - - - - - - - - - -

## Commentaire

*Réévaluez cette estime régulièrement, car selon les situations de votre vie, elle peut fluctuer : après la victoire à un match de tennis, votre estime de vous sera optimale, mais après une dispute avec votre conjoint, elle pourrait vite retomber ! La véritable estime de soi ne dépend jamais des circonstances extérieures.*

*Vous pouvez enrichir cet exercice avec des méthodes présentées dans le chapitre 2, telles que la méthode des choix (exercice n° 13), le recadrage (exercice n° 21) ou encore le dialogue libérateur (exercice n° 22).*

# Exercice n° 29 • Gérer ses émotions

Aussi riches et puissantes qu'envahissantes, elles nous en font voir de toutes les couleurs. Elles vont et viennent, et parfois explosent sans crier gare. Qui sont-elles ? Les émotions. Comment faire pour les calmer sans les réprimer ?

*Concentrez-vous sur votre émotion, évaluez son intensité, puis suivez les instructions ci-dessous.*

**1.** Traitez les symptômes. Localisez l'émotion dans votre corps et décrivez vos sensations :

_ _ _ _ _ _ _ _ _ _ _ _ _ _ _ _ _ _ _ _ _ _ _ _ _ _ _ _ _ _ _ _

Tapotez tout en répétant : « Même si (j'ai cette boule dans le ventre parce que je suis angoissé / la gorge serrée parce que j'ai peur / l'envie de pleurer parce que j'ai du chagrin), je m'aime et je m'accepte tel que je suis. »

**2.** Tapotez sur l'origine de votre émotion. À votre avis, quelle est la cause de votre émotion ? Un événement, un souvenir, une pensée, une douleur ? Soyez précis.

**Par exemple :** *Même si je suis dans une colère noire parce que... / Même si je suis triste parce que ma mère a un cancer / Même si j'ai peur de ne pas arriver à boucler mon projet pour lundi...*

Poursuivez les rondes jusqu'à ce que l'intensité de votre émotion descende à 0.

**3.** Terminez par une ronde positive : remplacez l'émotion initiale par celle que vous aimeriez ressentir.

> *Par exemple :* Je m'exprime avec calme et fermeté / Je gère la situation avec sang-froid / J'accepte cette situation et je la transforme à mon avantage / Je choisis de rester confiant / Je décide de travailler rapidement et facilement...

### Commentaire

> Les émotions ne sont ni positives ni négatives en soi, elles sont le résultat de la manifestation d'une énergie qui peut prendre diverses formes. Si elles vous perturbent, la première étape est de les accepter, car plus elles sont réprimées, plus elles gagnent en intensité. Autorisez-vous à exprimer vos émotions, faites des rondes si nécessaire sur votre colère d'être en colère ou sur la honte d'avoir envie de pleurer ! Pardonnez-vous de ne pas savoir rester calme en toutes circonstances ! Videz votre trop-plein sans retenue.

> Enfin, vous pouvez compléter cet exercice en travaillant sur vos croyances, telles que « Je suis aussi colérique que mon père », « Un homme ne doit pas pleurer » (exercice n° 30)... D'autres exercices encore peuvent compléter ce thème : choisissez ceux qui vous semblent adaptés à votre situation.

# Exercice n° 30 • En finir avec ses croyances limitantes

« Il ne faut faire confiance à personne », « La vie est trop dure », « L'argent ne fait pas le bonheur », « Les histoires d'amour finissent toujours mal », « Je ne mérite pas le bonheur »... Les croyances s'imposent comme des vérités absolues. Choisissez celles qui vous donnent des ailes et non celles qui vous limitent. Voici comment vous débarrasser des croyances limitantes.

**1.** Prenez conscience de vos croyances limitantes.

• Sur l'amour (*L'amour finit toujours mal / L'homme (ou) femme idéale n'existe pas*) :

_ _ _ _ _ _ _ _ _ _ _ _ _ _ _ _ _ _ _ _ _ _ _ _ _ _ _ _ _ _ _ _ _

• Sur l'argent (*L'argent ne fait pas le bonheur / Les riches sont toujours égoïstes...*) :

_ _ _ _ _ _ _ _ _ _ _ _ _ _ _ _ _ _ _ _ _ _ _ _ _ _ _ _ _ _ _ _ _

• Sur le travail (*On n'a rien sans rien / Il faut travailler dur pour réussir...*) :

_ _ _ _ _ _ _ _ _ _ _ _ _ _ _ _ _ _ _ _ _ _ _ _ _ _ _ _ _ _ _ _ _

• Sur le bonheur et la vie (*La vie est dure / Le bonheur ne dure pas...*) :

_ _ _ _ _ _ _ _ _ _ _ _ _ _ _ _ _ _ _ _ _ _ _ _ _ _ _ _ _ _ _ _ _

• Sur les gens (*Il ne faut faire confiance à personne / Les gens sont méchants...*) :

_ _ _ _ _ _ _ _ _ _ _ _ _ _ _ _ _ _ _ _ _ _ _ _ _ _ _ _ _ _ _ _ _

• Sur vous (*Je suis trop âgé pour... / Je suis incapable de... / Je n'ai jamais de chance...*) :

_ _ _ _ _ _ _ _ _ _ _ _ _ _ _ _ _ _ _ _ _ _ _ _ _ _ _ _ _ _ _ _ _

**2.** Choisissez une de vos croyances et évaluez-la : si elle est vraie pour vous à 100 %, votre intensité est de 10/10.

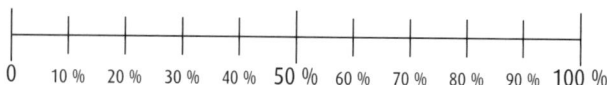

| 0 | 10 % | 20 % | 30 % | 40 % | 50 % | 60 % | 70 % | 80 % | 90 % | 100 % |
|---|------|------|------|------|------|------|------|------|------|-------|

**3.** Trouvez l'origine de cette croyance : d'où vient-elle ? de votre famille ? de votre expérience personnelle ? de l'expérience d'autres personnes ?

_ _ _ _ _ _ _ _ _ _ _ _ _ _ _ _ _ _ _ _ _ _ _ _ _ _ _ _ _ _ _ _ _ _ _ _ _

**4.** Démontez votre croyance : est-elle vraie tout le temps ? Sinon, quand n'est-elle pas vraie ?

_ _ _ _ _ _ _ _ _ _ _ _ _ _ _ _ _ _ _ _ _ _ _ _ _ _ _ _ _ _ _ _ _ _ _ _ _

**Tapotez tout en répétant par exemple :** _Même si j'ai cru que tous les gens étaient égoïstes, c'est faux car ma grand-mère est adorable / Même si mon père me disait qu'il faut travailler dur pour réussir, Matthieu a réussi très facilement et rapidement..._

**5.** Remplacez votre croyance par une autre, plus constructive, et tapotez : _Je choisis de croire que la vie est belle quand on l'aime / Je choisis de croire que l'on reçoit en abondance / Je choisis de croire que je peux faire confiance aux gens..._

**6.** Évaluez à nouveau votre croyance négative : y croyez-vous encore ?

_ _ _ _ _ _ _ _ _ _ _ _ _ _ _ _ _ _ _ _ _ _ _ _ _ _ _ _ _ _ _ _ _ _ _ _ _

## Commentaire

_Une fois vos croyances négatives démontées, votre horizon s'ouvrira sur de nouvelles possibilités, vos potentiels se révéleront et vous verrez la vie sous un autre angle. Commencez par travailler sur les croyances les plus limitantes (souvent celles qui concernent vos capacités) : « Je n'y arriverai jamais », « J'ai deux mains gauches », « Je ne suis pas aussi doué que mon frère », etc. Faites une liste de toutes les croyances positives qui sont nécessaires pour réussir votre objectif, puis tapotez pour les installer dans votre vie._

# Exercice n°31 • Réparer le passé

Vos blessures du passé vous font encore souffrir, vous avez du mal à tourner la page, vous ressassez de vieux souvenirs ? Essayez cet exercice pour réparer le passé et vous en détacher.

*Choisissez le problème que vous désirez traiter, puis suivez les instructions ci-dessous.*

**1.** Quel âge aviez-vous à l'époque de cet événement ? _ _ _

**2.** Évaluez votre émotion : _ _ _/10

**3.** Tapotez sur le point karaté en répétant 3 fois votre formule d'appel : « J'ai (âge), et même si j'ai (ce problème), je m'aime et je m'accepte tel que je suis. »

> **Par exemple :** *J'ai 23 ans, et même si Max m'a quittée sans aucune explication et que j'en ai fait une dépression nerveuse, je m'aime et je m'accepte telle que je suis.*

**4.** Terminez par une ronde positive : Je choisis de lâcher ce passé / Je décide d'aller de l'avant et de me détacher de ce passé qui m'encombre / Cette histoire est finie et je m'allège de ce poids du passé.

## Commentaire

*En annonçant votre âge, vous prenez conscience que cet événement est bel et bien passé. Vous pouvez recadrer la situation en disant : « Il y a trente-deux ans, quand j'étais enfant, même si… » Vous prendrez ainsi plus facilement conscience que ce passé est révolu.*

*Vous pouvez aussi remonter à une époque dont vous n'avez plus de souvenirs : « Même si j'ai 1 mois et que je me sens abandonné parce que ma mère n'a pas voulu de moi... » Vous pouvez aussi compléter l'exercice avec la technique du film (exercice n° 18).*

# Exercice n° 32 • Soulager la douleur physique

L'EFT libère les émotions mais soulage aussi les douleurs. Si vous avez une migraine, une rage de dents ou une grippe, pourquoi ne pas essayer ?

*Servez-vous un verre d'eau, trouvez un endroit calme et suivez les instructions ci-dessous.*

**1.** Concentrez-vous sur votre douleur.

• Où est-elle localisée ? _ _ _ _ _ _ _ _ _ _ _ _ _ _ _ _ _ _ _ _ _ _ _ _ _

• Décrivez-la le plus précisément possible : _ _ _ _ _ _ _ _ _ _ _ _ _ _ _ _ _

• À combien évaluez-vous son intensité ? _ _ _/10

**2.** Pour la première ronde :

• Tapotez le point karaté en répétant 3 fois votre description de la douleur : *Même si j'ai comme un étau qui serre mes tempes, je m'aime et je m'accepte avec cette douleur...*

• Tapotez les autres points en répétant votre phrase de rappel : *Cet étau qui serre mes tempes / Ce mal de tête qui ne passe pas / Cet étau autour de la tête...*

**3.** Évaluez l'intensité de la douleur. S'il reste de la douleur, refaites une ronde sur « ce restant de (décrivez) ».

**4.** Traitez la source de la douleur si vous la connaissez.

- Depuis quand ai-je mal ? _ _ _ _ _ _ _ _ _ _ _ _ _ _ _ _ _ _ _ _ _ _ _ _

- Quelle en est la cause ? _ _ _ _ _ _ _ _ _ _ _ _ _ _ _ _ _ _ _ _ _ _ _ _

- Que se passait-il à ce moment-là dans ma vie ? _ _ _ _ _ _ _ _ _ _ _ _ _ _

- Tapotez sur vos réponses : *Même si j'ai mal à la tête depuis hier soir... / Même si ce jour-là j'étais triste d'avoir appris que mon père était malade... / Même si les voisins m'ont cassé les oreilles avec leur musique...*

**5.** Vérifiez l'intensité de votre douleur : _ _ _/10

**6.** Traitez de la même manière vos émotions face à la douleur : *Même si je suis en colère contre mon corps... / Même si je suis stressé parce que je n'arrive plus à travailler... / Même si j'ai peur que ça s'aggrave...*

**7.** Traitez vos croyances et vos pensées : *Même si j'ai toujours été fragile... / Même si on ne peut pas être tout le temps en bonne santé... / Même si c'est l'âge...*

## Commentaire

*L'EFT permet d'évacuer les émotions liées à la douleur ou à la maladie et donc d'en diminuer les effets sur le corps. De plus, le rééquilibrage énergétique aide à accélérer la guérison : les preuves scientifiques abondent dans ce sens. Dans le cas de maladies, tapotez tous les jours plusieurs fois et modifiez si nécessaire vos habitudes alimentaires ou physiques. Utilisez les expressions imagées telles que « Même si j'en ai plein le dos... », « Même si ça me prend la tête... », « Même si mon cœur souffre... » Ces phrases pourraient bien cacher le nœud de votre problème physique.*

*Si votre douleur est trop forte, vous pouvez utiliser le tapping continu sans parole (exercice n° 17). Vous pouvez aussi dialoguer avec votre corps (exercice n° 22), lui pardonner si vous êtes en colère contre lui (exercice n° 45) et adapter la méthode des « Et si... » (exercice n° 14). Vous pouvez enfin terminer avec une ronde positive en vous adressant à votre corps : « Mon cher corps, je t'écoute et je t'aime / Tu fais de ton mieux / J'ai peut-être un peu trop tiré sur la corde / Je t'autorise maintenant à te reposer / Merci de ta coopération / Je fais confiance à ton intelligence »... Visualisez votre guérison quelques instants en fin de séance.*

*Ne soyez pas surpris si la douleur se déplace, c'est que votre corps réagit bien au tapping. Poursuivez les rondes en prenant en compte ces déplacements et les nouveaux symptômes jusqu'à ce que la douleur disparaisse.*

***Important :*** *en aucun cas l'EFT ne doit remplacer les conseils de votre médecin. Elle peut vous soulager en attendant des soins appropriés ou compléter votre traitement.*

# Exercice n° 33 • Retrouver le sommeil

Que ce soit pour une difficulté d'endormissement, des réveils en pleine nuit ou des insomnies chroniques, l'EFT peut vous aider à retrouver le sommeil.

*Avant de vous coucher, ou pendant la journée, préparez votre nuit en tapotant selon les instructions ci-dessous.*

**1.** Faites des rondes sur votre problème (soyez précis).

• Tapotez sur le point karaté en répétant 3 fois votre formule d'appel : *Même si je me réveille systématiquement à 3 heures du matin, je m'accepte avec ce problème et je choisis de dormir jusqu'à (précisez l'heure) / Même si le sommeil ne vient pas, je décide d'accueillir le sommeil / Même si je suis*

*énervé de ne pas réussir à m'endormir, je laisse mon corps se détendre natu-
rellement et aller vers le sommeil...*

• Tapotez les autres points en répétant votre phrase de rappel : *réveillé à
3 heures du matin.*

## 2. Traitez les origines de votre difficulté à vous endormir :

• Depuis quand avez-vous du mal à dormir ? _ _ _ _ _ _ _ _ _ _ _ _ _ _ _ _

• À quoi attribuez-vous ce problème ? _ _ _ _ _ _ _ _ _ _ _ _ _ _ _ _ _ _ _

• Que se passait-il dans votre vie à ce moment-là ? (Peut-être que les événements de cette époque ne semblent pas reliés à vos insomnies, mais prenez-
les tout de même en compte : divorce, difficultés scolaires, décès d'un proche,
maladie, mariage de vos enfants, déménagement...).

_ _ _ _ _ _ _ _ _ _ _ _ _ _ _ _ _ _ _ _ _ _ _ _ _ _ _ _ _ _ _ _ _ _ _ _ _

• Effectuez des rondes sur les origines de votre difficulté à dormir.

> **Par exemple :** *Même si je me réveille chaque nuit depuis que mon fils a dû
> aller aux urgences en pleine nuit quand il avait 2 ans / Même si j'ai du mal
> à dormir depuis que je suis devenu directeur et que je pense tout le temps
> au travail / Même si je n'arrive plus à dormir depuis mon divorce...*

## 3. Traitez les émotions et pensées générées par votre difficulté à vous endormir.

• Que ressentez-vous par rapport à ce problème (doute, peur, colère, tristesse...) ?

_ _ _ _ _ _ _ _ _ _ _ _ _ _ _ _ _ _ _ _ _ _ _ _ _ _ _ _ _ _ _ _ _ _ _ _

• Tapotez.

> **Par exemple :** *Même si j'ai peur de perdre le contrôle de mon corps / Même
> si j'ai peur de ne pas me réveiller / Même si dormir est une perte de temps /
> Même si je suis énervé de ne pas pouvoir dormir / Même si j'ai peur d'être
> fatigué demain...*

**4.** Terminez par une ronde positive.

**Par exemple :** *Je sais que je suis en sécurité dans mon lit / Je m'autorise le repos de _ _ _ heures à _ _ _ heures / Je peux me détendre profondément / Le sommeil arrive naturellement à _ _ _ heures / Je fais le vide avant de m'endormir comme un bébé / J'ai confiance, demain sera un nouveau jour / La nuit porte conseil et je trouverai la solution à mon problème...*

## Commentaire

*Effectuez systématiquement la ronde du soir si vous avez des problèmes de sommeil (exercice n° 49) et complétez si nécessaire cet exercice avec d'autres exercices de cet ouvrage, adaptés à votre situation (par exemple l'exercice n° 41 pour arrêter de ressasser).*

*Durant la nuit, dans votre lit, plutôt que de tapoter, respirez en tenant les points ou imaginez que vous tapotez. Répétez par exemple cette phrase sur chaque point : « Je n'arrive pas à dormir / Je n'arrive pas à dormir / Je n'arrive pas à dormir »...*

*En plus de l'EFT, préparez votre nuit par des rituels : une promenade, une bonne douche, un bain de pieds chaud, ou une relaxation [1], et évitez bien sûr toutes les substances qui pourraient nuire à votre sommeil (café, thé, cigarette, etc.).*

# Exercice n° 34 • Libérer sa respiration

Vous vous essoufflez facilement, vous avez du mal à respirer quand vous êtes sous le coup d'une émotion forte, vous avez l'impression que vous manquez d'air ou que vous êtes enrhumé ? Avec cet exercice, vous retrouverez un nouveau souffle. Même si vous pensez que ce problème ne vous concerne pas, essayez cet exercice !

---

1. Voir Marielle Laheurte, *50 exercices de visualisation créatrice*, Eyrolles, 2013.

*Chaque matin ou régulièrement, suivez les instruc-*
*tions ci-dessous.*

**1.** Respirez lentement et profondément 3 fois (avec douceur... ne forcez pas jusqu'à l'hyperventilation !).

**2.** Inspirez maintenant jusqu'au maximum de vos possibilités et évaluez votre amplitude : _ _ _/10

**3.** Effectuez des rondes.

• Tapotez le point karaté en répétant 3 fois votre formule d'appel : *Même si ma capacité respiratoire est seulement de 6/10, je m'aime et je m'accepte tel que je suis.*

• Tapotez les autres points en répétant votre phrase de rappel : *seulement de 6/10 / seulement de 6/10...*

**4.** Évaluez à nouveau en inspirant au maximum : _ _ _/10

**5.** Poursuivez avec une deuxième ronde : *Même si ma respiration est restreinte, je m'aime et je m'accepte tel que je suis / ma respiration restreinte / ma respiration restreinte...*

**6.** Vérifiez votre nouvelle amplitude : _ _ _/10

**7.** Poursuivez avec une troisième ronde : *Même si ma respiration est restreinte, je m'aime et je m'accepte tel que je suis / ma respiration restreinte / ma respiration restreinte...*

Pendant la ronde, pensez à tout ce qui vous limite dans votre vie, les contraintes, les restrictions, ce qui vous étouffe et vous coince. D'où provient cette respiration restreinte ? Depuis quand est-elle là ? Si des souvenirs remontent, des pensées, des émotions désagréables, faites des rondes spécifiques sur ces sujets.

**8.** Vous pouvez terminer par une ronde positive en vous inspirant des modèles suivants : *Je me libère totalement pour retrouver ma pleine amplitude / Je m'ouvre plus librement et pleinement à la vie / Je me remplis d'énergie et de force / Je prends et je reçois tout l'air dont j'ai besoin / Je prends toute mon envergure / Mes possibilités respiratoires s'élargissent / L'air entre et sort naturellement...*

## Commentaire

*Cet exercice tout simple est en réalité très efficace. Une bonne respiration équilibre et harmonise le corps et l'esprit ; elle renforce les défenses immunitaires. Elle vous aide à gérer vos émotions, vos angoisses et votre stress. Vous vous sentez plus relaxé et plus tonique à la fois, vos organes fonctionnent mieux. Votre cerveau mieux oxygéné vous permet de réaliser de meilleures performances, physiques et intellectuelles, et, au-delà des effets physiologiques, vous vous sentez plus vivant et libéré de vos limitations.*

# Exercice 35 • Ma phobie est partie

Un rat, l'aiguille d'une piqûre, un avion, un serpent, un dentiste, une araignée, le vide, et c'est la panique : palpitations, jambes flageolantes, tremblements, envie de fuir ou paralysie... La phobie toucherait une personne sur dix. Les facteurs déclenchants sont nombreux. Heureusement, votre phobie a du souci à se faire avec l'EFT ! Mais pour qu'elle disparaisse, il est nécessaire d'en traiter TOUS les aspects.

Appliquez la recette de base (grande ronde et gamme des 9 actions) sur les aspects de votre phobie, en suivant les étapes ci-dessous.

**1.** Décrivez TOUT ce qui déclenche votre panique : *la queue du rat, son museau, ses poils noirs, sa façon de bouger, son cri... / la blouse blanche du dentiste, l'odeur du cabinet de consultation, la chaise du dentiste avec son matériel, le bruit des instruments... / les parois de l'ascenseur, la porte qui se ferme, la proximité des autres personnes...*

Évaluez et faites des rondes sur TOUS ces aspects jusqu'à ce que vous vous sentiez mieux : *Même si je me sens au bord de l'évanouissement quand je vois une souris... sa longue queue... son museau pointu... ses poils gris... sa façon de se faufiler dans les trous...*

_ _ _ _ _ _ _ _ _ _ _ _ _ _ _ _ _ _ _ _ _ _ _ _ _ _ _ _ _ _ _ _ _

**2.** Comment se manifeste votre peur (tremblements, nausées, palpitations, envie de hurler, fuite éperdue, tétanie...) ?

_ _ _ _ _ _ _ _ _ _ _ _ _ _ _ _ _ _ _ _ _ _ _ _ _ _ _ _ _ _ _ _ _

Tapotez sur ces symptômes jusqu'à ce que leur intensité descende à 0.

**3.** Racontez la première fois où vous avez vécu cette phobie (soyez précis, n'omettez aucun détail) : *Le jour où mon frère m'a lancé un serpent mort sur le dos...*

_ _ _ _ _ _ _ _ _ _ _ _ _ _ _ _ _ _ _ _ _ _ _ _ _ _ _ _ _ _ _ _ _

Tapotez en racontant la scène selon l'exercice n° 18 (« La technique du film »).

**4.** Vérifiez l'intensité de votre peur en imaginant une situation où vous êtes confronté à votre phobie.

**5.** Traitez votre phobie en situation et par étape.

**Par exemple :** *si vous avez peur de l'ascenseur, dirigez-vous vers un ascenseur ; si vous vous sentez mal, arrêtez-vous, tapotez. Dès que vous vous sentez bien, allez devant l'ascenseur, tapotez avant d'entrer dans la cabine, puis une fois à l'intérieur, etc. Si vous avez peur d'une souris, tapotez devant une photo de souris, puis devant une vidéo.*

Vérifiez que l'intensité de votre peur est bien à 0 avant de passer à l'étape suivante.

## Commentaire

*La plupart des phobies disparaissent en une à trois séances. Pour les plus complexes, il faudra davantage de temps. Certaines sont le résultat de plusieurs phobies simultanées : par exemple, la peur de l'eau peut être associée à la peur d'étouffer et à la claustrophobie. Dans ce cas, traitez chaque phobie séparément. Si vous n'arrivez pas à bout de votre phobie, c'est que certains aspects du problème n'ont pas été traités. Dans ce cas, faites-vous aider par un praticien EFT confirmé.*

# Exercice n°36 • Ne plus remettre au lendemain

Le désordre s'accumule autour de vous et dans vos dossiers de travail. Vous avez des lettres à finir, des papiers à remplir, mais vous n'arrivez pas à vous y mettre. Découragement, frustration, déprime, dégoût de vous-même, stress... la procrastination génère une véritable souffrance. Voici une méthode pour vous aider à retrouver le bon rythme.

*Tapotez selon les instructions ci-dessous.*

**1.** Évaluez.

Sur l'échelle d'intensité, mesurez la charge émotionnelle que vous ressentez devant les tâches à accomplir : _ _ _/10

**2.** Quelles émotions ressentez-vous ?

**Par exemple :** *Je me sens nul, mou, impuissant, faible, tout petit, inutile, sans volonté, sans énergie...*

---

Effectuez des rondes.

**Par exemple :** *Même si je me sens nul et inutile, je choisis de me pardonner et de m'aimer tel que je suis / Même si j'ai une boule au ventre chaque fois que je pense à tout ce que je dois faire, je me détends et je fais du mieux que je peux...*

**3.** Quand avez-vous ressenti ces émotions et ces sensations pour la première fois ?

---

**Tapotez :** *Même si ce jour-là j'ai rangé ma chambre du mieux que je pouvais et que ma mère m'a grondé parce que ce n'était pas assez bien fait... / Même si j'ai eu terriblement honte quand le professeur m'a critiqué sur mes résultats devant toute la classe...*

**4.** Lisez les phrases ci-dessous. Si elles résonnent en vous, appliquez l'EFT sur les souvenirs spécifiques associés à ces phrases.

**Éducation :** *Quoi que je fasse ce n'est jamais assez / J'en ai assez des ordres / Mes parents n'étaient jamais contents de moi / Je n'ai jamais reçu de compliments sur ce que je faisais / On me disait toujours ce que je devais faire / Je ne pouvais jamais faire ce que je voulais / Ma mère faisait tout et je ne veux pas être esclave comme elle...*

**Perfectionnisme :** *Si j'échoue on me critiquera / Je dois être parfait pour être aimé / Il vaut mieux ne rien faire plutôt que mal faire / Si je n'y arrive pas, je ne vaux rien...*

**Estime de soi :** *Je suis nul / Je n'arrive jamais à rien / Ma sœur était toujours la meilleure / À quoi bon essayer, j'en suis incapable / Quoi que je fasse, j'échoue...*

**Rébellion :** *Personne ne peut me forcer à faire ce que je ne veux pas / Je ne veux pas suivre la règle / Je ne veux faire que ce qui me plaît / Les règles et les lois emprisonnent / J'en ai marre des obligations / Je ne veux pas faire comme tout le monde...*

**Besoin des autres :** *Je veux qu'on m'aide / Je ne veux pas grandir / Je veux qu'on s'occupe de moi / Je n'ai jamais su faire les choses seul / J'ai besoin des autres pour me motiver...*

**5.** Évaluez après chaque thème votre niveau d'intensité devant les tâches à accomplir, et poursuivez les rondes si nécessaire. Travaillez sur un seul thème à la fois.

**6.** Vérifiez quand l'intensité du problème a atteint 0. Pensez aux tâches à accomplir : vous sentez-vous prêt et capable de les effectuer ?

**7.** Terminez par une ronde positive : *Je décide maintenant de terminer ce que j'ai à faire (précisez quoi) / Je peux faire (complétez) à mon rythme / Tout ce que je fais, c'est pour moi et ça me fait plaisir de finir ou commencer (complétez) / Je suis fier de moi quand je réussis à terminer mes tâches / J'ai envie d'agir et j'aime ça / Finalement c'est simple, je dois juste commencer par faire (précisez)...*

## Commentaire

*Chaque matin, vous pouvez tapoter sur chaque activité de votre journée qui vous pose problème : « Même si je pense que je n'arriverai pas à faire (complétez), je décide de le faire facilement ». Puis faites des rondes sur chacune des tâches à accomplir : « Je finis ma lettre », « Je range le dessus de mon bureau », « Je téléphone au plombier »... Comme le dit Lao Tseu, « un voyage de mille lieues commence toujours par un pas ». Concentrez-vous sur une seule tâche à la fois : ne décidez pas de ranger votre bureau en un jour, mais commencez par un tiroir ; ensuite seulement, vous passerez au deuxième tiroir. Donnez-vous de mini-objectifs. Surtout, soyez indulgent avec vous même, ne vous critiquez plus, et faites l'exercice n° 28 (« Je m'aime et je m'accepte »). Complétez avec d'autres exercices de cet ouvrage en lien avec vos objectifs.*

*Selon votre degré de procrastination, vous aurez peut-être du mal à mettre en place des actions, même simples, qui pourraient vous aider, telles que faire des rondes. Dans ce cas, je vous invite à consulter un praticien EFT afin de retrouver plus rapidement l'élan dont vous avez besoin pour agir.*

# Exercice n°37 • Atteindre son poids idéal

Peu de personnes sont satisfaites de leur poids. Même celles que l'on pourrait considérer comme parfaites se trouvent souvent trop grosses ! Le poids idéal est celui avec lequel on se sent bien, pas celui que la norme sociale ou les magazines de mode nous imposent. Déterminez d'abord un premier objectif « raisonnable » et utilisez l'EFT pour l'atteindre.

*Suivez les instructions ci-dessous.*

**1.** Aimez-vous et acceptez-vous tel que vous êtes : effectuez des rondes en vous inspirant des phrases suivantes.

• Tapotez le point karaté en répétant 3 fois votre formule d'appel : *Même si je me déteste avec ce surpoids, je choisis d'accepter mon corps tel qu'il est / Même si je ne me supporte plus avec ces dix kilos en trop, je décide de me pardonner de ne pas m'aimer / Même si je me sens lourd et moche, je choisis de m'occuper de moi avec amour.*

• Tapotez les autres points en répétant votre phrase de rappel : *Je me déteste / Je suis horrible / Je déteste me regarder dans le miroir...*

• Faites aussi l'exercice n° 28 (« Je m'aime et je m'accepte »).

• Quand vous atteindrez une intensité comprise entre 0 et 3, vous pourrez poursuivre avec l'étape 2.

**2.** Traitez les émotions négatives liées à votre poids.

• Tapotez le point karaté en répétant 3 fois votre formule d'appel : *Même si j'ai peur de ne jamais arriver à maigrir / Même si je n'arrive pas à me retenir de grignoter / Même si j'en ai assez de faire des efforts pour rien / Même si je ne veux plus me priver...*

• Tapotez les autres points en répétant votre phrase de rappel : *Je n'y arriverai jamais / Je suis trop gros / Je ne crois pas aux miracles / J'en ai marre des régimes / C'est injuste, pourquoi moi ? / Je suis mal dans ma peau / Quoi que je fasse, rien ne marche / Je n'ai pas de volonté / Le regard des autres me fait mal / J'aimerais tant être plus mince / Je me sens si triste / Je me sens si mal / J'ai honte de moi et de mon corps / Je ne peux pas m'habiller comme je le veux...*

**3.** Traitez les souvenirs associés à votre poids : *Même si je me suis sentie humiliée quand ce garçon m'a traitée de grosse au collège / Même si ma mère me forçait à finir mon assiette quand je n'avais pas faim / Même si on disait que ma sœur était plus belle que moi / Même si j'ai commencé à grossir après mon premier chagrin d'amour...*

Appliquez la technique du film aux souvenirs spécifiques (exercice n° 18).

**4.** Gérez vos envies : appliquez l'exercice de l'addiction au tabac (exercice n° 38) en l'adaptant à la nourriture.

**Par exemple :** *Même si j'ai une envie irrépressible de manger du chocolat parce que je me sens seul. / Même si je ne peux pas me passer de sucre et que là, tout de suite, j'en ai une folle envie... / Même si je ne peux m'empêcher de manger du saucisson et du pain quand je rentre du travail...*

**5.** Et si... tout était possible ? Inspirez-vous de la méthode des « Et si... » (exercice n° 14).

**Par exemple :** *Et si je pouvais perdre facilement deux kilos en une semaine ? / Et si je pouvais retrouver un poids qui me convienne en quelques mois ? / Et si je pouvais maigrir sans souffrir de mon régime ? / Et si, à partir de maintenant, j'étais capable d'arrêter de manger trop sucré ?...*

## Commentaire

*Adaptez cet exercice à votre cas et pratiquez plusieurs fois par jour. Procédez par étapes, travaillez sur plusieurs séances. Enfin, effectuez des rondes chaque fois que vos envies de manger sont excessives.*

*Les problèmes de poids sont souvent liés à d'autres difficultés (peur du rejet, perfectionnisme, manque d'estime de soi, procrastination, manque affectif…). Les exercices de ce livre pourront vous aider à*

*les traiter. Combinez-les : vous pouvez notamment effectuer l'exer-*
*cice n° 22 (« Le dialogue libérateur »), l'exercice n° 45 (« Pardon-*
*ner et se libérer ») et l'exercice n° 38 (« Fini le tabac ! »).*

*Parallèlement à l'EFT, faites de l'exercice physique (natation, marche,*
*gymnastique…) et rééquilibrez si nécessaire votre alimentation.*

# Exercice n°38 • Fini le tabac !

Vous avez décidé d'arrêter de fumer ? L'EFT peut accompagner votre démarche en vous aidant à gérer vos envies. Vous pouvez adapter cet exercice à d'autres addictions (nourriture, alcool, médicaments, jeux vidéo...).

*Traitez tous les aspects de votre envie de fumer en suivant les instructions ci-dessous.*

**1.** Vérifiez votre motivation.

• Faites la liste des raisons qui vous poussent à arrêter de fumer :

_ _ _ _ _ _ _ _ _ _ _ _ _ _ _ _ _ _ _ _ _ _ _ _ _ _ _ _ _ _ _ _ _

• Faites la liste des conséquences (positives et négatives) si vous arrêtiez de fumer :

_ _ _ _ _ _ _ _ _ _ _ _ _ _ _ _ _ _ _ _ _ _ _ _ _ _ _ _ _ _ _ _ _

• Dites à haute voix et avec conviction : « Je décide d'arrêter de fumer dès maintenant et définitivement. » Que ressentez-vous (angoisse, nausée, tristesse, oppression...) ?

_ _ _ _ _ _ _ _ _ _ _ _ _ _ _ _ _ _ _ _ _ _ _ _ _ _ _ _ _ _ _ _ _

- Si vous ne ressentez aucun inconfort, passez directement à l'étape 2. Sinon, effectuez des rondes sur cet inconfort et sur les conséquences négatives d'arrêter le tabac :

   – Sur le point karaté : *Même si je ressens de l'angoisse à l'idée d'arrêter de fumer... / Même si je me sens nauséeux lorsque je ne fume pas... / Même si je ne veux pas arrêter ce plaisir... / Même si j'ai peur de grossir en arrêtant de fumer...*

   – Sur les autres points : *peur d'être nerveux sans tabac / peur de ne pas résister quand les autres fumeront / peur d'être rejeté par les amis qui fument / peur de grossir / peur d'échouer...*

- Variante : Vous pouvez appliquer l'exercice n° 16 (« Résoudre ses contradictions ») :

   – Sur le point karaté : *Même si j'ai peur de grossir en arrêtant de fumer et en même temps je veux arrêter pour être en bonne santé...*

   – Sur les autres points : *peur de grossir / rester en bonne santé / peur de grossir / rester en bonne santé...*

## 2. Éliminez les bonnes raisons de fumer.

- Effectuez des rondes sur les raisons pour lesquelles vous fumez : anxiété, ennui, solitude, manque de confiance en vous, besoin de plaire, contenance sociale, plaisir...

- Recadrez ces bonnes raisons (exercice n° 22, « Le dialogue libérateur ») : *Même si j'ai du plaisir à fumer, je sais que c'est un faux plaisir car mon corps souffre et mes poumons se remplissent de goudron / Même si fumer me détend, je sais que mon anxiété ne guérit pas pour autant / Même si fumer me donne une contenance, je sais que la cigarette n'est qu'un leurre et que je peux trouver un autre moyen de me sentir mieux / Même si fumer m'empêche de penser à mes problèmes, ça ne m'aidera en rien à les résoudre et mes problèmes seront toujours là ensuite...*

## 3. Traitez l'origine de votre addiction.

- Décrivez la première fois où vous avez commencé à fumer : quel était le contexte de votre vie à ce moment-là ? Pourquoi avez-vous commencé ? Comment vous êtes-vous senti alors ?

• Tapotez sur ce souvenir (soyez précis) : *J'ai commencé à fumer quand ma petite amie m'a quitté / J'ai fumé ce jour-là pour faire comme les copains / Mes parents fumaient / Je voulais me faire remarquer d'un garçon de ma classe / Le goût ne m'a pas plu / L'odeur m'a donné la nausée mais j'ai quand même continué...*

**4.** Si vous avez déjà essayé d'arrêter de fumer, tapotez sur votre échec : *Même si je n'ai jamais réussi à arrêter malgré mes efforts, je m'accepte et je choisis cette fois d'aller jusqu'au bout / Même si je n'ai pas eu assez de volonté, je choisis cette fois d'arrêter définitivement...*

**5.** Changez vos habitudes.

• Quand fumez-vous ? Avec quoi avez-vous associé la cigarette ?

_ _ _ _ _ _ _ _ _ _ _ _ _ _ _ _ _ _ _ _ _ _ _ _ _ _ _ _ _ _ _ _ _ _

• Listez ces moments dans l'ordre chronologique (soyez précis) : *avec le café le matin / juste avant de déjeuner / à la pause devant le hall d'entrée de l'entreprise / en soirée avec mes amis...*

_ _ _ _ _ _ _ _ _ _ _ _ _ _ _ _ _ _ _ _ _ _ _ _ _ _ _ _ _ _ _ _ _ _

• Tapotez sur chacune de ces habitudes en les visualisant :

  – Sur le point karaté : *même si j'ai toujours envie de fumer quand je bois du café, je choisis de me libérer de cette habitude...*

  – Sur les autres points : *café et cigarette / café et cigarette...*

• Vérifiez en imaginant ce moment, par exemple le café sans la cigarette.

• Si vous ressentez encore de l'inconfort, évaluez-le et recommencez les rondes.

**6.** Au moment où l'envie est là... Concentrez-vous sur vos sensations physiques (pression dans la poitrine, gorge serrée...), puis effectuez des rondes jusqu'à ce que votre envie disparaisse : *Même si je meurs d'envie de fumer cette cigarette au point d'en avoir la gorge serrée, je m'accepte et je me détends / Même si je sens dans ma poitrine cette folle envie de fumer, je* *m'accepte et je respire profondément / Même si ce café provoque une envie irrésistible de fumer, je m'accepte et je me détends...*

**Variante :** au lieu de tapoter, tenez les points et respirez profondément (exercice n° 19, « Le tapping... sans tapping »).

# 7. Terminez par une ronde positive.

Intégrez les raisons et les conséquences positives de votre décision : *Je décide d'arrêter de fumer dès maintenant parce que je choisis de rester en bonne santé / Je suis fier de ma décision / Je retrouve ma forme pour courir sans m'essouffler / Je me libère de cette dépendance qui pollue mes proches / Je donne l'exemple à mes enfants / Je retrouve ma liberté et mon autonomie...*

# 8. Vérifiez.

• Imaginez votre vie sans cigarette : comment vous sentez-vous ?

- - - - - - - - - - - - - - - - - - - - - - - - - - - - - - - - - -

• Vérifiez votre envie d'arrêter de fumer en disant à voix haute et avec conviction : « Je décide d'arrêter de fumer dès maintenant. »

• Si nécessaire, traitez ce qui reste de résistance.

## Commentaire

*Le taux de réussite pour arrêter le tabac atteint près de 80 % avec l'EFT. Il arrive qu'une seule séance suffise, mais le plus souvent vous devrez en prévoir plusieurs et tapoter à chaque fois que vous ressentirez l'envie de fumer.*

*Vous pouvez aussi arrêter en douceur et vous accorder un délai tout en tapotant sur votre décision d'arrêter. Pour arrêter le tabac, choisissez un moment où vous changez d'environnement, pendant les vacances par exemple. Éliminez dans un premier temps les cigarettes « inutiles », celles que vous fumez par automatisme. Enfin, intégrez dans votre vie de nouvelles activités ou de nouveaux centres d'intérêt (sport, art, yoga, méditation, peinture…) et persévérez avec confiance.*

*Si le tabac est un moyen de vous déstresser ou de vous sécuriser, éliminez ces émotions en adaptant les rondes à votre situation.*

*Vous pouvez aussi compléter cet exercice avec celui du dialogue libérateur (exercice n° 22) pour parler à votre corps, ou encore lui demander pardon pour les souffrances que vous lui avez infligées avec le tabac (exercice n° 45).*

# Exercice n 39 • Surmonter un chagrin d'amour

C'est fini, mais la tristesse qui s'ensuit est infinie. Oui, « un seul être vous manque, et tout est dépeuplé »... Les chagrins d'amour peuvent faire très mal et durer très longtemps. Un petit coup de pouce avec l'EFT vous aidera à surmonter plus vite votre chagrin.

*Installez-vous dans un endroit paisible et suivez les instructions ci-dessous.*

**1.** Évacuez le trop-plein.

Racontez votre rupture tout en effectuant des rondes. Utilisez la technique du film (exercice n° 18). Autorisez-vous à exprimer vos émotions.

Si la douleur est trop forte, tapotez sans parler (exercice n° 17) jusqu'à ce que vos émotions s'apaisent.

**2.** Traitez vos émotions et vos sensations.

• Tapotez sur vos sensations : envie de pleurer, boule dans le ventre, perte d'appétit, insomnie, envie de vous isoler, difficulté à vous lever le matin...

• Tapotez sur TOUTES les émotions que vous ressentez : colère, culpabilité, sentiment d'être abandonné et rejeté, trahison et injustice, regret...

• Prenez le temps de faire le tour de chaque émotion ressentie pour en traiter tous les aspects.

**3.** Adressez-vous à votre ex grâce à l'exercice du dialogue libérateur (exercice n° 22). Imaginez qu'il ou elle est devant vous et laissez parler vos émotions : *Comment tu as pu me faire ça ! / Tu es un lâche / Je ne te le pardonnerai jamais / Je préférerais que tu sois mort / J'ai cru à notre histoire et tu m'as trahi...*

**4.** Amorcez les premiers pas dans votre nouvelle vie : *Même si cette séparation me fait mal, je l'accepte et je reste ouvert à de nouvelles rencontres / Même si je souffre encore de cette séparation, je te rends ta liberté et je reprends la mienne / Même si tu m'as quitté, je l'accepte et je comprends que mon bonheur ne doit dépendre de personne d'autre que moi-même / À quoi bon pleurer sur le passé, ma vie est devant moi / Je choisis de me libérer de toi et d'avancer en confiance sur mon chemin de vie...*

## Commentaire

*Cet exercice vous aidera à gérer l'urgence et à tourner la page plus vite. Vous trouverez d'autres exercices dans cet ouvrage qui pourront le compléter : « Pardonner et se libérer » (exercice n° 45), « Dépasser la peur de l'abandon » (exercice n° 42), « Je m'aime et je m'accepte » (exercice n° 28), « Arrêter de ressasser » (exercice n° 41) et « Une guirlande de mercis » (exercice n° 46).*

.

# Exercice n° 40 • La perte d'un être cher

Un deuil est une épreuve d'autant plus difficile à traverser que rien ne nous y prépare dans notre monde moderne. La mort fait peur et, plutôt que d'y penser, nous essayons de l'oublier, jusqu'au moment où un proche disparaît... Même si votre chagrin est immense, il peut être adouci si vous libérez votre trop-plein d'émotions.

Trouvez un endroit calme, installez-vous conforta-blement et suivez les instructions ci-dessous.

**1.** Si le chagrin est insupportable, tapotez en continu sans parler (exercice n° 17) jusqu'à ce que vous vous sentiez mieux.

**2.** Évaluez votre chagrin : _ _ _/10

**3.** Libérez votre trop-plein d'émotions.

Tapotez pour libérer vos émotions (tristesse, culpabilité, colère, regret, manque, solitude, sentiment d'abandon...). Vous pouvez vous inspirer des modèles suivants :

### Tristesse

*Même si j'ai l'impression que je ne pourrai jamais arrêter de pleurer / Même si cette tristesse est insupportable / Même si plus rien ne sera plus comme avant / Cette tristesse / Mes larmes qui coulent tout le temps / Je me noie dans mon chagrin / Je ne pourrai pas vivre comme avant / Une tristesse insupportable...*

Respirez, buvez de l'eau et poursuivez.

### Culpabilité

*Même si je n'ai pas été là quand (prénom) est parti, je m'accepte et je me pardonne / Même si je n'ai pas eu le temps de lui dire combien je l'aimais / Même si je n'ai pas passé assez de temps avec (compléter) / Je m'en veux / Je suis un monstre / Comment faire maintenant ? / C'est trop tard / Je ne me le pardonnerai jamais / Je suis trop égoïste / Je suis lâche...*

### Colère

*Pourquoi la vie est-elle si injuste ? / Je déteste cette vie qui est si dure / La mort ne devrait pas exister / Je suis en colère contre tout ; et même contre toi qui es parti...*

### Etc.

**4.** Traitez les circonstances du décès.

Appliquez la technique du film (exercice n° 18) pour évacuer le souvenir traumatisant. Procédez doucement, étape par étape, en commençant par tapoter sur le titre de votre film sans visionner votre film.

**5.** Exprimez votre amour.

À travers notre chagrin, nous voulons aussi exprimer notre amour ; si nous nous en libérons, nous croyons parfois que nous trahissons la personne disparue ou que nous ne l'aimons pas assez. Tapotez sur cette croyance (adressez-vous si possible à la personne) :

• Sur le point karaté : *Même si mon chagrin est aussi immense que l'amour que je te porte, je sais que tu n'as jamais aimé me voir triste, alors je choisis de dire « je t'aime » sans pleurer / Même si à travers mes larmes je veux te dire combien je t'aime, je sais que tu étais joyeux et je souris pour toi à la vie / Même si ce chagrin témoigne de mon amour, je peux te le dire en plantant une fleur pour toi.*

• Sur les autres points : *Je t'aime / J'ai besoin de te le dire / Ce chagrin te le dit / Tu me manques / Je sais que tu aimais me voir heureux / Je peux t'exprimer mon affection autrement / une fleur pour toi / être heureux pour toi...*

**6.** Terminez par des rondes positives.

Racontez les bons moments, en remerciant cette personne pour tout ce qu'elle vous a apporté : *Grâce à toi, je suis devenu optimiste / Grâce à toi, j'ai pu arriver là où j'en suis / Grâce à toi, je suis devenu plus sûr de moi / Tu as su révéler mes talents / Je garde ton modèle de vie et je m'en inspire / Je te garde dans mon cœur comme un trésor...*

Vous pouvez compléter cette méthode avec celle du pardon (exercice n° 45) si vous vous sentez coupable.

## Commentaire

*Vous pouvez effectuer une étape après l'autre ou choisir librement celle qui vous semble la mieux adaptée à votre situation. Faites ces rondes régulièrement, dès que vous ressentez des pics de chagrin, en particulier le soir et le matin lorsque vous êtes moins actif.*

*Dialoguez avec la personne disparue tout en tapotant, évacuez les mots et les maux. Peu à peu, la paix s'installera, brièvement au début, puis de plus en plus souvent et durablement. Et dites-vous que cette personne que vous aimez tant n'a qu'un seul souhait : vous voir pleinement heureux et serein. Faites-lui ce cadeau : « Même si je me sens triste, je t'offre le cadeau de ma sérénité et de ma joie parce que je sais que c'est ce que tu souhaites pour moi. »*

# Exercice n°41 • Arrêter de ressasser

Elles vont, elles viennent, dans un bourdonnement incessant : comment stopper ces pensées qui vous assaillent et retrouver enfin la paix ?

*Observez quelques instants vos pensées, imaginez qu'elles sont comme des nuages qui passent... Écoutez les yeux fermés, puis suivez les instructions ci-dessous.*

**1.** Tapotez sur ces pensées.

• Sur le point karaté : *Même si j'ai des pensées incessantes et que ça me rend fou, je les accepte et je m'accepte tel que je suis / Même si toutes ces pensées me prennent la tête, je les accepte et je me détends / Même si j'en ai assez de toutes ces pensées qui vont et viennent, je choisis de les accepter et de me détendre...*

• Sur les autres points : *Je n'en peux plus de ces ruminations / Ça me prend la tête...*

**2.** Libérez ces pensées obsédantes. Effectuez des rondes décrivant vos pensées :

- *Je pense à mon travail / Je pense à ce que m'a dit mon patron / Je pense à tout ce que je dois faire demain…*

- *Je m'inquiète pour ma fille / Elle rentre à n'importe quelle heure / Elle ne m'écoute plus / je ne sais plus quoi faire…*

Vous pouvez aussi appliquer des méthodes telles que le recadrage (exercice n° 21), ou encore le dialogue libérateur (exercice n° 22) si vos pensées concernent une relation avec quelqu'un.

**3.** Retrouvez la paix.

Terminez par des rondes positives : *J'accepte de laisser passer ces pensées et de lâcher prise / Je ne suis pas obligé de passer en boucle ce mauvais film dans ma tête / Je dis stop à ces pensées et je m'en détache / Stop / Je vide mon cerveau / Je laisse mon corps se détendre / C'est moi qui décide de mes pensées / Ici et maintenant tout va bien / Je choisis de faire confiance / Je retrouve la paix et la lucidité / Je laisse l'inspiration m'apporter la solution / Il y a une solution à tout / Je me détends et je lâche prise…*

## Commentaire

*L'intérêt de l'EFT ici est d'accueillir vos pensées avant de vous en libérer. Si vous les évitez ou si vous essayez de les arrêter sans les avoir prises en considération, vous ne ferez que leur donner plus de force. En général, elles portent sur un conflit, un problème relationnel, des inquiétudes sur l'avenir… Traitez-les avec des exercices que vous trouverez dans cet ouvrage. Pensez à respirer profondément plusieurs fois après l'exercice et buvez un grand verre d'eau.*

# Exercice n° 42 • Dépasser la peur de l'abandon

Qui n'a pas ressenti un jour ce sentiment d'être seul au monde, rejeté, coupé des autres et du monde ? Une parole, un geste, une critique, un refus… et voilà qu'un profond désespoir s'installe. Comment y échapper ? En s'isolant des autres pour ne plus souffrir ? En faisant tout pour être aimé ? Non, car la souffrance est toujours là. Et si le tapping pouvait vous aider ?

*Évaluez votre sentiment en vous concentrant sur la situation qui a déclenché la peur de l'abandon, puis poursuivez comme indiqué ci-dessous.*

**1.** Travaillez sur le déclencheur.

• Tapotez sur la situation qui a déclenché votre sentiment d'abandon actuel :

– Sur le point karaté : *Même si ma petite amie m'a quitté / Même si mon fils a quitté la maison...*

– Sur les autres points : *Ce sentiment d'abandon / Je me sens seul et rejeté / Je me sens abandonné / Personne ne m'aimera plus / J'ai peur que ce soit toujours comme ça / Je ne veux plus m'attacher à personne...*

• Respirez profondément, évaluez votre émotion.

**2.** Vérifiez l'intensité de votre émotion : _ _ _/10

Si elle est encore forte, poursuivez les rondes sur cette situation et vos émotions avant de passer à l'étape suivante.

**3.** L'origine du problème.

• Quand avez-vous déjà ressenti cette émotion ? Laissez monter les souvenirs jusqu'au plus lointain.

_ _ _ _ _ _ _ _ _ _ _ _ _ _ _ _ _ _ _ _ _ _ _ _ _ _ _ _ _ _ _ _ _ _ _ _ _ _ _

• Faites la liste de ces situations (divorce des parents, punition à l'école, chagrin d'amour, décès, trahison d'ami) :

_ _ _ _ _ _ _ _ _ _ _ _ _ _ _ _ _ _ _ _ _ _ _ _ _ _ _ _ _ _ _ _ _ _ _ _ _ _ _

- Choisissez le souvenir de la première peur de l'abandon, puis effectuez la recette de base : *Même si ma mère n'était pas là quand j'ai chanté à la chorale ce jour-là, je sais qu'elle m'aime profondément...*

- Évaluez votre émotion : _ _ _/10

- Remarque : l'origine la plus fréquente à ce problème provient de l'enfance. Complétez l'exercice par des rondes pour l'enfant intérieur (exercice n° 43).

Poursuivez de même avec les autres souvenirs, en commençant par le plus douloureux.

**4.** Détectez vos croyances négatives et traitez-les (exercice n° 30) : *Il faut être gentil pour être aimé / Les gens sont toujours décevants / Je déçois toujours / Si on s'approche trop de moi, on me quitte / Si les autres ne m'aiment pas c'est que je ne le mérite pas / Je tombe toujours sur la mauvaise personne...*

**5.** Terminez par des rondes positives en vous inspirant des phrases suivantes : *Je me libère de cette peur pour retrouver des relations de confiance / Les souvenirs d'abandon ne remettent pas en cause ma valeur / Je m'ouvre aux autres et je m'accepte tel que je suis / Je me libère de mes vieux schémas de fonctionnement / Je choisis de me sentir en sécurité quelle que soit la personne avec qui je suis / J'avance en confiance / Je donne de l'amour sans aucune attente / Je me sens bien avec moi-même / Mon meilleur ami c'est moi / Je laisse aux autres la liberté de m'aimer ou pas...*

## Commentaire

*La peur de l'abandon est source de relations difficiles et douloureuses, souvent basées sur la dépendance à l'autre. Elle comprend de nombreux aspects, reliés en particulier au manque d'estime de soi. Il est donc essentiel de compléter cette séance avec l'exercice n° 28. Selon l'événement déclencheur, vous pouvez également faire les exercices n° 39 (« Surmonter un chagrin d'amour »), n° 40 (« La perte d'un être cher »), n° 30 (« En finir avec ses croyances limitantes ») ou n° 45 (« Pardonner et se libérer »).*

# Exercice n°43 • Des rondes pour l'enfant intérieur

Une tristesse vous envahit, les rires se font plus rares, la routine vous pèse et vous vous sentez insatisfait sans trop savoir ce qui vous manque ? Et si vous aviez oublié de vous occuper de votre enfant intérieur ? En guérissant ses blessures et en lui redonnant sa place, vous retrouverez la spontanéité et l'enthousiasme.

> Visualisez votre enfant intérieur pendant quelques minutes et observez son expression et son comportement, avant d'effectuer les rondes ci-dessous.

**1.** Comment va votre enfant intérieur ?

• Imaginez votre enfant intérieur. Invitez-le à vous rejoindre. Observez-le.

S'il est épanoui et souriant, passez directement à l'étape 2.

S'il semble malheureux : en visualisation, demandez-lui d'expliquer les raisons de son mal-être. Écoutez sa réponse et notez :

- - - - - - - - - - - - - - - - - - - - - - - - - - - - - - - - - - - - - - -

Souvent, des souvenirs d'enfance remontent. Traitez-les chacun avec la recette de base (soyez précis) : *Même si Petit(e) (votre prénom) se sent triste et seul(e) parce que personne ne s'occupe de lui (d'elle) / Même si Petit(e) (votre prénom) panique quand il (elle) est seul(e) dans sa chambre le soir / Même si Petit(e) (votre prénom) a peur de grandir...*

• Poursuivez le dialogue et les rondes jusqu'à ce que votre enfant intérieur se sente bien.

• Variante : imaginez que votre enfant intérieur tapote en même temps que vous.

• Vérifiez régulièrement comment va votre enfant intérieur en l'imaginant devant vous.

**2.** Redonnez-lui sa place dans votre vie avec des rondes positives : *Je décide de laisser Petit(e) (votre prénom) prendre sa place dans ma vie, de le (la) choyer et de m'en occuper / J'ouvre mon cœur à mon enfant intérieur / Je lui apporte sécurité et amour / J'aime et j'accepte mon enfant intérieur tel qu'il est / Il prend sa place tout naturellement dans ma vie / Je décide de lui consacrer du temps en savourant la vie / Je retrouve ma spontanéité et je m'amuse en toutes occasions / Merci à mon enfant intérieur...*

• Variante : adressez-vous directement à l'enfant : *Je te remercie pour ta présence si pure et spontanée / Je t'aime et je t'accepte du fond du cœur...*

• Vérifiez comment va votre enfant intérieur.

## Commentaire

*Je vous conseille de terminer la séance par une visualisation de l'enfant intérieur : prenez votre enfant intérieur dans vos bras, jouez et riez avec lui.*

*Rien de tel aussi pour retrouver le goût de l'insouciance et de la spontanéité que de jouer avec de vrais enfants ! Observez-les, imitez-les et lâchez prise.*

*Si vous avez visualisé un enfant très perturbé et malheureux, ou si l'image de cet enfant vous bouleverse, consultez un praticien EFT expérimenté qui saura vous aider.*

# Exercice n°44 • Améliorer ses performances sportives

L'EFT s'applique à des problèmes mais peut aussi vous aider à développer vos potentiels et vos capacités, qu'ils soient physiques ou intellectuels. Faites comme certains sportifs de haut niveau, préparez-vous avec l'EFT.

➤ *Définissez précisément votre objectif, puis effectuez des rondes en choisissant parmi les propositions ci-dessous la plus adaptée à votre situation.*

**1.** Traitez les échecs passés.

Faites la liste de vos échecs passés et effectuez des rondes avec la technique du film (exercice n° 18) sur les événements spécifiques.

**2.** Traitez vos croyances limitantes.

Faites la liste de vos croyances et réparez le passé avec l'exercice n° 31.

***Par exemple :*** *Je ne suis pas sportif / Mon frère a toujours été meilleur que moi / J'arrive toujours second / Je ne suis pas doué en sport / J'ai moins d'expérience que les autres / On est toujours dépassé par quelqu'un de plus fort...*

**3.** Traitez vos émotions.

Trac, anxiété, peur du jugement ou du regard des autres peuvent déstabiliser et diminuer vos capacités. Traitez vos croyances négatives avec l'exercice n° 30.

**4.** Améliorez votre technique.

Faites la liste de vos points faibles (soyez précis) :

_ _ _ _ _ _ _ _ _ _ _ _ _ _ _ _ _ _ _ _ _ _ _ _ _ _ _ _ _ _ _ _ _ _ _

**Effectuez des rondes :** *Même si je manque de souplesse, je choisis de me détendre et de m'accepter / Même si je ne suis pas assez rapide en course, je peux m'améliorer en me détendant plus / Même si ma frappe manque de force, je peux être plus fort si je suis détendu / Je connais mes qualités et je m'appuie sur elles pour gagner des points (listez vos qualités) / Même si j'ai échoué la dernière fois, je me suis amélioré et aujourd'hui je suis meilleur en (décrivez)...*

**5.** Les qualités que vous voulez acquérir ou développer.

**Notez-les en détail :** *Plus de rapidité quand je commence la course / Plus de souplesse au niveau des chevilles / Être capable de rester calme quand la balle arrive sur moi.*

_ _ _ _ _ _ _ _ _ _ _ _ _ _ _ _ _ _ _ _ _ _ _ _ _ _ _ _ _ _ _ _ _ _ _

Tapotez sur ces qualités, ressources, émotions, croyances nouvelles que vous voulez acquérir : *Mon corps est naturellement souple quand je lui fais confiance / Je choisis de rester calme devant la balle, mon corps est souple...*

**6.**Vérifiez.

**Dites à voix haute :** *Je gagne ce match / J'atteins facilement mon objectif qui est de (complétez).* Vous y croyez à 100 % ? Alors, c'est gagné !

## Commentaire

*Un bon mental joue un rôle essentiel dans les performances sportives. Avec l'EFT, vous pouvez renforcer la confiance en vous et la motivation. Entraînez-vous physiquement, bien sûr, mais neutralisez aussi les croyances limitantes et les émotions négatives qui vous entravent et créent des blocages dans votre corps. Si besoin, refaites cet exercice plusieurs fois avant votre compétition. Vous pouvez combiner plusieurs techniques que vous trouverez dans le chapitre 2, telles que « Commencer en douceur » (exercice n° 11), la méthode des choix (exercice n° 13) ou des « Et si... » (exercice n° 14).*

# Exercice n°45 • Pardonner et se libérer

Les ressentiments et la rancune ne pansent jamais vos plaies, au contraire elles les ravivent sans pouvoir les guérir. Voulez-vous rester enchaîné à ces souffrances passées ou voulez-vous vous alléger de ce fardeau et retrouver la liberté ? Il existe une solution : le pardon. Tournez la page avec l'EFT.

Imaginez la personne à qui vous voulez pardonner (ce peut être vous-même !), puis faites l'exercice ci-dessous en l'adaptant à votre situation.

**1.** La recette de base.

• Évaluez l'intensité de votre rancœur, puis tapotez le point karaté en répétant 3 fois votre formule d'appel : *Même si (prénom) m'a blessé en faisant (décrivez), je décide de lui pardonner et de me libérer du passé / Même si j'en veux terriblement à (prénom) parce que (décrivez), je décide de tourner la page définitivement / Même si (prénom) m'a fait (décrivez), je décide de lui pardonner et de me libérer de lui/d'elle.*

**2.** Les phrases de rappel.

• Tapotez les autres points en répétant votre phrase de rappel : *Elle m'a blessé profondément / Je suis (en colère, triste, terriblement déçu...) / Je ne peux pas lui pardonner / Je ne peux pas oublier / Je tiens à ma rancœur contre (prénom) / Je ne veux pas pardonner à (prénom) / J'ai trop souffert / Comment pardonner / Cette trahison, cette violence...*

• Vérifiez l'intensité de votre rancœur : _ _ _/10

Si elle est encore présente, poursuivez les rondes sur votre restant de rancœur. Décrivez en détail vos émotions et la situation à l'origine de votre rancœur.

**3.** Installez des rondes positives.

*Par exemple : Je ne veux pas traîner ce souvenir toute ma vie / Le passé est le passé / Je laisse aller cette histoire qui m'encombre / Je suis libre de me détacher de tout ça si je veux, c'est moi le maître / Tourner la page me remplit de bonheur / Je me libère de tous les liens qui me rattachent à (prénom) et je le/la libère / Je pardonne totalement à (prénom) / Je retrouve ma légèreté et ma liberté / Je dépose le fardeau de...*

## Commentaire

*En fin de séance, poussez deux ou trois profonds soupirs de soulagement. Faites aussi cet exercice systématiquement si vous êtes en colère contre quelqu'un (ou contre vous-même), si vous avez des problèmes de poids (pardonnez à votre corps de ne pas être comme vous le souhaitez et pardonnez-vous d'être aussi dur avec vous-même)... Vous trouverez les exercices correspondants dans cet ouvrage.*

*Vous pouvez aussi recourir à la technique du dialogue libérateur (exercice n° 22) pour adresser votre pardon directement à la personne concernée.*

# Exercice n°46 • Une guirlande de mercis

Il est prouvé que le sentiment de gratitude transforme les états négatifs, réduit le stress et procure un profond bien-être. Remercier nous ouvre aux cadeaux de la vie, alors ne vous retenez pas !

*Prenez un crayon, votre journal EFT ou une feuille de papier, et suivez les instructions ci-dessous.*

**1.** Listez tout ce qui vous rend heureux dans la vie : vos amis, votre maison, votre famille... N'oubliez pas les couchers de soleil, les fleurs, l'eau de source, la mer, votre corps en bonne santé :

------------------------------------------

**2.** Tapotez le point karaté en répétant 3 fois votre formule d'appel : *Même si j'ai tendance à ne voir que le mauvais côté des choses, je me pardonne et je m'aime / Même si je ne suis pas toujours positif et que je me plains souvent, je m'aime et je m'accepte tel que je suis, et je reçois les cadeaux de la vie avec gratitude / Même si je suis souvent déprimé et négatif, je décide de prendre conscience de tous les cadeaux de la vie et je dis merci...*

**3.** Tapotez les autres points en reprenant les éléments de votre liste : *Merci pour cette maison agréable / Merci pour ce travail qui m'apporte un salaire / Merci à mes amis d'exister et de me soutenir quand j'en / Merci à ma mère pour ses bons conseils / Merci au soleil de se matin / Merci à mon corps en bonne santé / Merci à mes donner autant de joie / Merci pour l'amour que je reçois...*

**4.** Effectuez autant de rondes que vous le désirez.

**5.** Terminez par une ronde d'ancrage : *Je me sens comblé / J'adore remercier / J'aime la vie et ce qu'elle m'apporte / Ma vie est un défi que j'aime / Je choisis la joie et la satisfaction / Je choisis d'aller vers le meilleur...*

## Commentaire

*De nombreuses expériences ont démontré que les mots sont des vibrations qui influencent le corps et l'esprit. Les plus bénéfiques sont les mots « merci », « amour » et « pardon ». Vous pouvez aussi appliquer sur cet exercice la technique du dialogue (exercice n° 22) : « Je te remercie, (prénom), pour avoir (complétez)... ». Vous pouvez remercier des personnes qui ont marqué votre vie, ou vos ancêtres, même si vous ne les connaissez pas. Ne vous limitez pas, remercier fait tellement de bien ! Remerciez-vous également, c'est difficile mais libérateur.*

# Exercice n° 47 • Attirer l'abondance et la réussite

Après la guirlande des mercis, vous êtes assez ouvert pour accueillir le meilleur dans votre vie. Poursuivez avec cet exercice, pour vivre l'abondance.

*Notez sur une feuille de papier ce que vous désirez précisément, puis faites les rondes en suivant les instructions ci-dessous.*

**1.** Prenez conscience de vos doutes et éliminez-les.

• Dites à haute voix : « La réussite de mon objectif est certain. » Que ressentez-vous ?

Si vous ressentez le doute, précisez ce qui vous empêche d'y croire : *Je veux voyager, oui mais je n'ai pas assez d'argent...* (faites l'exercice n° 15).

Si vous détectez des croyances limitantes, appliquez l'exercice n° 30.

• Évaluez la croyance que votre objectif réussira sur une échelle de 1 à 100 % :

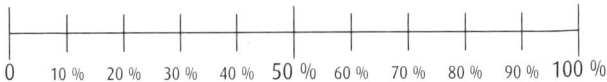

```
|----|----|----|----|----|----|----|----|----|----|
0    10 % 20 % 30 % 40 % 50 % 60 % 70 % 80 % 90 % 100 %
```

Quand vous atteignez 100 %, poursuivez avec l'étape suivante, sinon vérifiez vos doutes et éliminez-les encore avec des rondes.

**2.** Racontez votre objectif comme s'il était atteint tout en tapotant (soyez précis et parlez au présent) : *Je suis à la tête de mon entreprise / Les clients viennent à moi facilement / J'attire la confiance / Mes collaborateurs sont satisfaits et heureux de travailler avec moi / Je trouve le temps aussi pour ma famille / J'organise mes journées facilement / Je me lève le matin plein d'enthousiasme pour faire (compléter) / Je peux m'offrir la maison de mes rêves...*

**3.** Terminez par une ronde positive : *Je suis libre de créer ma réalité selon mes désirs / Je suis un être créatif et libre / Tout est possible / Je choisis des pensées constructives et positives / J'avance vers la réalisation de mes objectifs avec confiance et rapidement / J'agis dans le sens de mon objectif / Tout me sourit désormais...*

## Commentaire

*Cet exercice est le complément de celui de la guirlande des mercis. Il peut aussi être associé à d'autres exercices de cet ouvrage pour renforcer la confiance en vous et en vos objectifs. Pour réaliser ses rêves, il faut d'abord les rêver, certes, mais il faut aussi les mettre en place. Réaliser votre objectif implique une action : faites un premier pas dès maintenant, même un tout petit (lisez un livre en lien avec votre objectif, parlez aux personnes concernées, faites des recherches sur Internet, inscrivez-vous à une formation…). Et soyez patient, sinon vous savez ce qu'il vous reste à faire : « Même si je s¹·˙ impatient, je m'aime et je m'accepte tel que je suis. »*

# Exercice n°48 • La ronde du matin

Et si chaque matin, au lieu de vous traîner en râlant, vous vous leviez du bon pied, serein et de bonne humeur, bien décidé à profiter de la nouvelle journée qui commence ?

*Après votre réveil, prenez quelques minutes pour effectuer les rondes ci-dessous.*

**1.** Changez votre état d'esprit.

• Tapotez le point karaté en répétant 3 fois la phrase adaptée à votre état d'esprit du moment : *Même si je ne sens rien de bon avec la journée qui commence, tout est possible aujourd'hui / Même si j'ai du mal le matin à me sentir motivé, je décide de m'ouvrir au meilleur de la vie aujourd'hui / Même si je traîne de jour en jour les mêmes soucis, je fais confiance à cette nouvelle journée car tout peut arriver...*

• Tapotez les autres points en répétant votre phrase de rappel : *Je me sens de mauvaise humeur / J'ai peur de cette journée / Je ne suis pas du matin / C'est comme ça depuis (compléter)...*

**2.** Évaluez votre état d'esprit : _ _ _/10

**3.** Préparez votre journée.

• Détaillez tout ce qui pourrait vous affecter dans la journée, par exemple : *J'ai peur que mon patron me critique encore en réunion...*

• Tapotez le point karaté en répétant 3 fois votre formule d'appel : *Même si j'ai peur que mon patron me critique lors de la réunion de ce matin, je choisis de rester parfaitement détaché et de lui répondre en gardant mon sang-froid...*

- Sur les autres points, effectuez une ronde alternée : *vexé habituellement / calme aujourd'hui / Je n'aime pas ses critiques / Je reste détaché devant les critiques / Je me détends / Les critiques ne m'atteignent plus / Mon patron est un anxieux / Je reste calme / Je le plains de se sentir obligé de critiquer / Il n'est jamais content / Je connais la valeur de mon travail / Je fais du mieux que je peux / Il est insatisfait / Je me détache de toute critique / Je me sens bien quoi qu'il arrive / Et si aujourd'hui il ne me critiquait pas ?...*

**4.** Terminez par une ronde positive : *Tout est possible aujourd'hui / Je m'ouvre au meilleur / De belles surprise m'attendent / Je suis détendu et confiant / Cette journée me plaît déjà / Je reste ouvert et confiant / Tout me sourit aujourd'hui / Je commence cette journée dans la confiance / J'accueille toutes les bonnes opportunités / Je me sens motivé pour...*

## Commentaire

*Faites cet exercice tous les jours jusqu'à ce que vous constatiez une amélioration. Complétez avec la méthode de la ronde du soir (exercice n° 49). En installant des résolutions positives le matin, vous transmettrez de nouvelles directives à votre corps et à votre cerveau, qui les exécuteront tout naturellement. Vous êtes le maître, ne laissez plus votre humeur fluctuer en fonction des circonstances extérieures. Et surtout, regardez la vie du bon côté, elle vous le rendra !*

*Vérifiez aussi les causes de votre manque de motivation : depuis quand ressentez-vous ce découragement ou cette difficulté à vous lever ? Peut-être que vous vous êtes réveillé un matin en pleine forme mais que ce jour-là vous avez appris une mauvaise nouvelle ? Tapotez alors sur les souvenirs associés.*

# Exercice n° 49 • La ronde du soir

Chaque soir, vous vous lavez les dents, vous prenez une douche ou un bain, vous vous brossez les cheveux... Mais avez-vous nettoyé votre énergie et vos émotions ?

Inspirez-vous des phrases proposées ci-dessous et effectuez le tapping.

**1.** Listez tous les événements de la journée qui vous ont perturbé.

_____

_____

_____

**2.** Tapotez chacun d'eux jusqu'à vous sentir détaché et serein devant le problème évoqué : *Même si (décrivez le problème de la journée), je choisis de l'accepter et de m'en détacher immédiatement / Même si ce problème m'a (dérangé, agacé, énervé, mis en colère, rendu triste), j'accepte cette expérience et je reste serein / Même si j'ai vécu ce problème (décrivez), je choisis de tourner la page et d'avancer vers le meilleur...*

**3.** Terminez par une ronde positive en évoquant tout ce qui vous a satisfait ou rendu heureux durant votre journée : *Je suis content d'avoir (complétez) / J'ai passé un bon moment avec (prénom) / J'ai constaté mes progrès en (précisez)...*

## Commentaire

*Le présent est le fruit de vos actions passées. En éliminant vos charges émotionnelles présentes, vous libérez, sans forcément vous en rendre compte, toutes celles que vous supportez depuis très longtemps. Si vous effectuez cette ronde du soir quotidiennement, vous constaterez bientôt que les soucis ne vous atteindront plus et que votre vie sera plus agréable et plus facile.*

# Exercice n° 50 • À présent...

Finalement, notre lieu d'habitation permanent est l'ici-et-maintenant. Pourtant nous n'y sommes jamais vraiment, toujours tournés vers le passé ou vers le futur, toujours ailleurs mais jamais là... L'EFT peut vous aider à rester centré sur votre présent.

*Effectuez des rondes en prenant pour modèle les phrases ci-dessous.*

**1.** Tapotez le point karaté en répétant 3 fois votre formule d'appel, par exemple : *Même si je suis éparpillé et que mes pensées vont et viennent, À PRÉSENT je reviens à moi-même / Même si je ressens de la tension dans mon corps, À PRÉSENT je relâche les tensions et je me détends / Même si je n'arrive pas à me concentrer, À PRÉSENT je me recentre et je me détends...*

**2.** Tapotez les autres points en répétant votre phrase de rappel, par exemple :

*À présent, assis sur cette chaise, je suis en train de faire de l'EFT.*

*À présent, je prends conscience de mon corps.*

*À présent, je prends conscience de ce qui m'entoure.*

*À présent, je prends conscience de moi-même.*

*À présent, j'entends (complétez).*

*À présent, je me détends totalement.*

*À présent, je m'aime et je m'accepte.*

*Je suis là ici même et je me sens chez moi.*

*À présent, je décide de (complétez).*

*À présent, je sens la vie qui coule en moi.*

*Je prends racine ici et maintenant.*

*À présent, je me recentre pour mieux agir (préciser).*

*Le présent est mon havre de paix.*

*À présent, chaque être de cette planète partage ce moment avec moi.*

*Je suis présent à tout moment de ma vie.*

*À présent, je me sens en sécurité ici.*

## Commentaire

*La pleine conscience est la clé de la sérénité et de l'Unité intérieure. Elle n'est possible qu'en vivant intensément chaque instant du présent. La méditation permet d'y accéder, mais, pour certaines personnes, il est parfois difficile de la pratiquer. J'ai créé cet exercice pour vous aider à retrouver cette conscience de l'ici-et-maintenant. Cet exercice peut être pratiqué avant vos séances de méditation, et avant toute situation qui demande concentration et ancrage. Il est particulièrement efficace pour libérer les tendances à ressasser ou encore lorsque vous vous sentez débordé ou éparpillé.*

# Conclusion

*Essayez la technique sur tout.*
Gary Craig, *Le Manuel d'EFT*

Vous l'avez compris, vous pouvez appliquer l'EFT à absolument tout ce que vous voulez. Tapotez sur votre stress, vos addictions, la réussite de vos projets, vos joies et vos peines, votre peur de l'avenir, l'angoisse de la page blanche, devant un film qui vous fait peur ou vous irrite, ou dans une file d'attente dans laquelle vous vous impatientez... Tapotez avec votre conjoint ou vos enfants, vos amis... Inspirez-vous des exercices proposés, explorez de nouvelles pistes, expérimentez et notez vos résultats. Faites du tapping un geste quotidien et votre vie s'en trouvera bientôt changée. N'oubliez pas aussi qu'il vaut mieux prévenir que guérir : n'attendez donc pas que le problème soit là pour le traiter !

Certaines séances sembleront plus productives que d'autres, mais chacune sèmera des graines qui pousseront en leur temps. Persévérez avec confiance et soyez patient.

Au-delà de la seule technique, l'EFT est aussi un état d'esprit. Elle nous révèle nos capacités d'auto-guérison et l'intelligence extraordinaire de notre corps et de notre esprit, dont le lien indissociable ne fait aujourd'hui plus de doute. Avec les techniques psycho-énergétiques, nous pénétrons au seuil d'un univers aux possibilités infinies, où les méthodes qui ne cessent d'évoluer deviennent de plus en plus efficaces et rapides. Il aura fallu du temps, mais ça y est, l'être humain est pris en compte dans son entier (corps, esprit, énergie, pensées) par les nouvelles thérapies.

Je voudrais remercier ici Gary Craig pour avoir fait don de sa merveilleuse méthode avec autant de générosité et de désintéressement, et pour avoir ouvert la porte sur une nouvelle ère, dans laquelle chacun peut retrouver ses pleins potentiels et sa liberté d'être. Merci à tous ceux qui poursuivent le chemin par leurs explorations et leurs découvertes, dans le seul but d'apporter plus de joie et de bien-être à l'humanité.

# Pour aller plus loin

Je vous conseille d'expérimenter une séance d'EFT avec un professionnel confirmé et, pour approfondir la technique, de suivre un stage d'initiation ou de formation à l'EFT.

Voici une liste non exhaustive de manuels de référence :

• Gary Craig, *Le Manuel d'EFT*, Dangles Éditions, [2ᵉ édition] 2012

• Sylvie Alves et Patrick Buet, *EFT et autres techniques énergétiques pour se guérir*, Le Courrier du livre, 2013

• Marie-Odile Brus, *Manuel pratique de psycho-énergétique*, Éditions Médicis, 2010

• Brigitte Hansoul et Yves Wauthier-Freymann, *EFT. Tapping et psychologie énergétique*, Dangles Éditions, 2010

• Helena Fone et Jean-Michel Gurret, *L'EFT pour les nuls*, First Éditions, 2011

• Sophie Merle, *EFT. Psychologie énergétique*, Éditions Médicis, 2008

Vous trouverez aussi de nombreux sites et blogs concernant l'EFT. En voici quelques-uns à consulter :

• www.garythink.com de Gary Craig

• www.eftuniverse.com (en anglais)

• http://www.wisdomofbeing.com de Louise Gervais français et en anglais)

- www.eftunivers.com de Jean-Michel Gurret (en français)
- www.sophiemerle.com de Sophie Merle (en français)

Composé par STDI

Achevé d'imprimer : EMD S.A.S.
N° d'éditeur : 4825 - N° d'imprimeur : 28998
Dépôt légal : février 2014
*Imprimé en France*

*Cet ouvrage est imprimé - pour l'intérieur - sur papier Munken premium white 90 g des papeteries Arctic Paper,*
*dont les usines ont obtenu la certification environnementale ISO 14001 et opèrent conformément aux normes ECF et EMAS*